Hans Mader

Predigten der Hoffnung

Hans Mader

Predigten der Hoffnung

Von der Wüste ins gelobte Land

Fromm Verlag

Imprint

Any brand names and product names mentioned in this book are subject to trademark, brand or patent protection and are trademarks or registered trademarks of their respective holders. The use of brand names, product names, common names, trade names, product descriptions etc. even without a particular marking in this work is in no way to be construed to mean that such names may be regarded as unrestricted in respect of trademark and brand protection legislation and could thus be used by anyone.

Cover image: www.ingimage.com

Publisher:
Fromm Verlag
is a trademark of
Dodo Books Indian Ocean Ltd. and OmniScriptum S.R.L publishing group

120 High Road, East Finchley, London, N2 9ED, United Kingdom
Str. Armeneasca 28/1, office 1, Chisinau MD-2012, Republic of Moldova, Europe
Managing Directors: Ieva Konstantinova, Victoria Ursu
info@omniscriptum.com

Printed at: see last page
ISBN: 978-3-8416-0536-8

Copyright © Hans Mader
Copyright © 2014 Dodo Books Indian Ocean Ltd. and OmniScriptum S.R.L publishing group

Inhalt 1

Vorwort 2

1. Predige: „Tröstet, tröstet mein Volk!" 3
Predigt über Jesaja 40, 26 – 31 4

2. Israel / Palästina 10
Ansprache über den Olivenbaum 11

Predigt über Apostelgeschichte 12, 1 – 11 14

Predigt über Micha 5, 1 19

Ansprache über die Wüste 22

3. Das Kirchenjahr 26
Predigt über Lukas 2, 7, Weihnachten 27

Ansprache über Matthäus 2, 1 – 12, Epiphanias 30

Predigt über Jesaja 5, 1 – 7, Reminiszere 37

Predigt über Johannes 19, 16 – 30, Karfreitag 44

Predigt über 4. Mose 11, Pfingsten 47

Predigt über Johannes 1 + 3, Johannesfest 51

Predigt über Offenbarung 21, 1 – 7, Ewigkeitssonntag 56

4. Der Gottesdienst 60
Predigt über den 2. Artikel des Glaubensbekenntnisses 61

Predigt über Matthäus 6, 7 – 13, das Vaterunser 65

Predigt über Psalm 34, 9, das Abendmahl 68

Predigt über 4. Mose 6, 22 – 26, der Segen 73

Vorwort

Eine meiner Lieblingsfabeln habe ich beim Deutschen Evangelischen Kirchentag 1977 in Berlin entdeckt. Da stand auf einer Jutetasche:
>Einem Esel werden immer mehr Lasten aufgelegt bis er stöhnt: „Ich kann nicht mehr, ich gehe keinen Schritt weiter!" Da antwortet ihm der Weg, auf dem er steht: „Du, Esel, ich trage dich und deine Lasten dazu!" „Ich Esel!" ruft da der Esel und trabt gestärkt weiter. Jesus hat bekanntlich von sich selbst gesagt: „Ich bin der Weg...!"<

Predigen gehört zu meinem Beruf. Ich habe gern und regelmäßig gepredigt, rund 40 Jahre lang. Manchmal war es nicht leicht, die rechten Worte zu finden: die Lage der Menschen war zu traurig, der Text zu sperrig, meine innere Ruhe nicht vorhanden. Da habe ich an den Esel gedacht. Und meist ging es dann weiter.

Ich hatte das Privileg, an zwei alten, wunderbaren Kirchen predigen zu können: von 1975 bis 1981 an der 300 Jahre alten evangelischen Waldkirche Linnep in Breitscheid im Kirchenkreis Düsseldorf – Mettmann und dann von 1981 bis 2014 an der evangelisch – lutherischen Kirche St. Georg auf dem Berge in Ratzeburg, der ältesten Kirche im Lauenburger Land, in ihren Ursprüngen fast tausend Jahre alt. Ich war nur ein kleines, demütiges Glied in der langen Kette der Verkündiger und doch beflügelt von der Spiritualität der Räume und von der aufmerksamen Zuhörerschaft.

Von 2000 bis 2010 habe ich mit meiner Frau zahlreiche Reisen nach Israel und Palästina und die umliegenden Länder unternommen. Wir haben eine Partnerschaft zur evangelischen Gemeinde in Beit Jala bei Bethlehem aufgebaut und gepflegt und vier große Gemeindereisen organisiert. Das Heilige Land und einige seiner Menschen sind uns ans Herz gewachsen. Das hat natürlich auch meine Predigten befruchtet.

Nun, kaum im Ruhestand, darf ich einige meiner Predigten in diesem Buch vorlegen. Ich habe sie gemäß meinem Predigtauftrag bei meiner Ordination zusammengefasst unter dem Motto: „Predigten der Hoffnung – Von der Wüste ins gelobte Land". Geordnet sind sie nach Themen: Zuerst meine Abschiedspredigt, in der ich den Bogen von meiner Ordination bis zu meiner Entpflichtung geschlagen habe. Dann folgen Predigten aus unserer Partnerarbeit in Israel – Palästina, dann aus dem Kirchenjahr und schließlich zu Elementen des Gottesdienstes. Das Buch endet mit der Predigt über den Segen.

Harmsdorf bei Ratzeburg im Oktober 2014   Hans Mader

1. Predige: „Tröstet, tröstet mein Volk!"

Barockaltar von 1752 in der
Kirche St. Georg auf dem Berge
in Ratzeburg
Foto Mader

Abschiedspredigt über Jesaja 40, 26-31
gehalten am 27.04.2014 in St. Georg

Gnade sei mit uns und Frieden von Gott unserem Vater und unserem Herrn Jesus Christus. Amen.

Der Predigttext zum heutigen Sonntag steht im Prophetenbuch Jesaja im 40. Kapitel. Wir haben ihn eben bereits als Lesung gehört.

Liebe Gemeinde!

Zu Beginn meiner Tätigkeit als Pastor vor 39 Jahren wurde ich ordiniert, das heißt: ich wurde zum kirchlichen Dienst beauftragt. Der damalige Predigttext stammte wie der heutige aus dem Prophetenbuch Jesaja im 40. Kapitel, wenige Verse vor dem heutigen Text.

Da ging es um die Berufung des Propheten. Da wurde ihm von Gott aufgetragen: **„Predige!"** Und auf seine bange Frage: **„Was soll ich denn predigen?** Alle Menschen sind doch vergänglich!" erhielt er von Gott die Antwort: **„Predige: Tröstet, tröstet mein Volk!"**

Darin habe auch ich meine Berufung, meine wichtigste Aufgabe gesehen. Das habe ich versucht: zu predigen, zu trösten. Das war nicht immer einfach. Die Lebenslagen der Menschen, für die ich da sein sollte, waren oft zu dramatisch, die Probleme zu verzwickt. Ich brauchte ja auch selbst immer wieder Trost und neue Kraft.

Kurz nach meinem 13. Geburtstag ist meine Mutter an Krebs verstorben. Ein Jahr später gab mir mein Vater als Konfirmationsspruch die damalige Jahreslosung mit auf den Weg: *„Bekümmert euch nicht, denn die Freude am HERRN ist eure Stärke!"* (Nehemia 8,10) Das war so ein Trost, der nach Zeiten des Haderns, des Zweifelns und der Trauer erst allmählich, aber dann doch immer mehr mein Leben erfüllte und bestimmte.

Ich stamme aus einer Pastorenfamilie und bin mit Kirche und Bibel groß geworden. Doch erst als sich die „Freude am Herrn", der „Trost Gottes" auch in schweren Zeiten als Halt für mein Leben erwiesen hatte, wollte ich Theologie studieren und wie mein Vater Pastor werden. Seitdem bin ich sehr gerne Pastor und versuche, den selbst erfahrenen Trost an andere weiterzugeben.

Seit fast 33 Jahren bin ich nun Pastor hier in dieser Kirchengemeinde St. Georgsberg. Als Rheinländer wurde ich hier im Sommer 1981 mit meiner

Familie mit offenen Armen empfangen. Wir haben uns schnell eingelebt. Ich bin dankbar, die frohe Botschaft hier in dieser Gemeinde verkündigen zu dürfen.

Ich lernte die fast immer gut besuchten Gottesdienste in unserer alt ehrwürdigen Kirche St. Georg auf dem Berge zu schätzen und zu lieben. Welch spirituelle Ausstrahlung hat dieses Gebäude! Für wie viele Menschen und Generationen war es in Freud und Leid eine religiöse Heimat, eine feste Burg!

Ein kleines Glied in der fast 1.000-jährigen Geschichte der Prediger dieses Gotteshauses zu sein, lehrte mich Demut und Dankbarkeit und Respekt vor der gewaltigen Aufgabe. Über 1.000 Gottesdienste durfte ich in dieser Kirche feiern. Über 1.000 Taufen, Konfirmationen und Beerdigungen konnte ich durchführen, dazu rund 300 Brautpaare trauen. So war es mir möglich, viele Menschen und Familien dieser Gemeinde in Freud und Leid zu begleiten. Dabei habe ich erfahren: Pastor sein ist eine große, eine wunderbare, aber auch eine schwere Aufgabe, die mich manches Mal an den Rand meiner Kraft geführt hat.

Jesaja formuliert das in unserem Predigttext so: *"**Männer werden müde und matt**, und Jünglinge straucheln und fallen."* Die Israeliten, denen der Prophet damals predigen sollte, waren müde und matt. Sie lebten rund 550 Jahre vor Christi Geburt im Exil in Babylon. Sie hatten ihre Heimat verloren. Ihr geistliches Zentrum, der Tempel in Jerusalem, war zerstört. Ihr Gott hatte sich offensichtlich als zu schwach erwiesen. Er konnte ihnen nicht helfen. Verzweiflung und Entmutigung hatten sich unter ihnen ausgebreitet.

Neulich las ich eine - wie ich finde - treffende Beschreibung, warum auch wir heute immer wieder müde und matt werden. Da heißt es: „Drei finstere Gesellen schleichen sich immer wieder bei uns ein: Räuber, die sich einmischen in unser Leben und die nichts anderes im Sinn haben, als uns zu bestehlen. Ja, sie berauben uns, wo sie können. Worauf sie es abgesehen haben? Auf unsere Lebensenergie, auf unseren Elan, auf unsere Kraft.

Diese drei finsteren Gesellen heißen: Sorge, Überforderung und Entmutigung! Sie schleichen sich in unsere Herzen und lähmen uns. Sie töten unsere Kreativität und werfen uns, so oft sie können, in das Loch der Verzweiflung." (aus einer Predigt von Pastor Björn Heymer zum Predigttext, 2002, Philippus Gemeinde Köln – Raderthal)

Vor diesen Räubern sind auch Pastoren nicht sicher! Wie können wir gegen sie bestehen? Woher bekamen die Israeliten vor 2 ½ tausend Jahren neuen Mut und neue Hoffnung? Woher bekommen wir gegen das böse Treiben dieser Räuber unsere Lebensenergie zurück? Woher bekam ich immer wieder neu die Kraft für meinen Dienst? Darauf antwortet der heutige Predigttext mit den Worten des Propheten:

„Hebe deine Augen in die Höhe und sieh zum Himmel!"

Ich muss zugeben: mein Blick ist oft auf den Boden gerichtet. Das liegt zunächst daran, dass ich seit einigen Jahren eine Brille mit zwei Sehfeldern trage. Das untere dient dem Lesen, das obere der Fernsicht. Wenn ich nach unten schaue, ohne den Kopf zu senken, sehe ich den Boden vor mir unscharf. Um Hindernissen aus dem Weg gehen zu können oder Stufen klar zu erkennen, muss ich den Kopf senken.

Ich wurde aber auch schon als Kind durch eine Struwwelpetergeschichte sensibilisiert, auf den Weg zu achten. Meine Mutter hat sie mir mehrfach erzählt. Und weil es da um meinen Vornamen ging, fühlte ich mich besonders angesprochen und habe mir die Geschichte zu Herzen genommen. Es ist die Geschichte vom „Hans guck in die Luft". Ich möchte Ihnen die erste Strophe vortragen:

> Wenn der Hans zur Schule ging,
> Stets sein Blick am Himmel hing.
> Nach den Dächern, Wolken, Schwalben
> Schaut er aufwärts allenthalben:
> Vor die eignen Füße dicht,
> Ja, da sah der Bursche nicht,
> Also dass ein jeder ruft:
> „Seht den ‚Hans guck in die Luft'!"

Das Ergebnis war vorhersehbar:
Erst: „Pauz! Perdauz!" stolpert er über einen Hund und dann „Plumps!" stürzt er in einen Fluss.
Diese Kindheitsgeschichte hat mich vorsichtig gemacht.

Aber auch im übertragenen Sinne lasse ich den Kopf immer wieder hängen, gucke niedergeschlagen zu Boden, lasse mir von den eben genannten Räubern Lebensenergie, Elan und Kraft nehmen. Sorgen, ausweglos scheinende Situationen machen den Kopf schwer. Das habe ich in meinem persönlichen Leben erfahren, in meinem Beruf als Pastor und auch in Krisensituationen dieser Welt.

Der Ratsvorsitzende der Evangelischen Kirche in Deutschland, Nikolaus Schneider, mit dem zusammen ich 1968 mein Theologiestudium an der Kirchlichen Hochschule in Wuppertal begonnen habe, hat das in einem Buchtitel treffend zum Ausdruck gebracht. Er schreibt: „Von Erdenherzen und Himmelsschätzen".

Wir Menschen stehen mit beiden Füßen auf der Erde, ausgestattet mit „Erdenherzen". Wir sind erdverhaftete Geschöpfe: „von Erde bist du genommen." (Johannes 3,31) Wir sollen ja auch bodenständig und geerdet bleiben und nicht abheben. Wir sollen aufmerksam unseren Weg gehen und uns um das kümmern, was uns vor die Füße gelegt wird.

Es gibt jedoch so vieles, was uns dabei niederdrückt, womit wir nicht fertig werden. Oft empfinden wir die Erdanziehungskraft als schmerzlich. Es gibt die Räuber, die uns in das Loch der Verzweiflung werfen wollen. Gerade in solchen Situationen ist es wichtig, dem Angebot des Propheten zu folgen: *„Hebe deine Augen in die Höhe und sieh zum Himmel!"*, zu den „Himmelsschätzen!"

Im Neuen Testament konkretisiert der Verfasser des Hebräerbriefes diese Aufforderung für uns Christen mit den Worten: ***„Lasst uns aufsehen zu Jesus, dem Anfänger und Vollender des Glaubens!"*** (Hebräer 12,2)

Hier wird unser Blick über das Kreuz Jesu in den Himmel gelenkt. Vergangenen Sonntag konnten wir Ostern feiern, den Sieg Gottes über Sünde und Tod. Alles, was uns niedermacht, was uns bedrückt, was unsere Köpfe hängen lässt, ist überwunden durch das Kreuz. Jesus ist den Weg an unserer Seite bis zum bitteren Ende gegangen. Er hat unser Schicksal auf sich genommen und getragen. Sein Kreuz ist in den Tiefen unseres irdischen Daseins verwurzelt.

In den letzten 15 Jahren haben meine Frau und ich und zahlreiche Gemeindeglieder mehrere Reisen ins Heilige Land unternommen. Wir haben dort erlebt, was der da tätige katholische Priester Bargil Pixner in seinem Buch „Mit Jesus in Jerusalem" treffend über dieses Land so ausdrückt: Es ist „das fünfte Evangelium". (Bargil Pixner O.S.B. „Mit Jesus in Jerusalem, seine ersten und letzten Tage in Judäa") Dabei sind wir selbstverständlich jedes Mal in der Grabeskirche in Jerusalem gewesen. In ihr ist nicht nur das Grab Jesu zu sehen, sondern auch Golgatha, der Ort der Kreuzigung.

Besonders beeindruckt hat mich dort eine wenig besuchte Grabhöhle einige Treppen unter dem Kreuz. Dort sieht man den Schädel von Adam, dem ersten Menschen, dem Prototypen des Menschen. Sünde und Tod haben ihn in dieses Grab gebracht. Doch die Tropfen von Christi Blut über ihm am Kreuz fließen bis zu ihm hinab. „Christi Blut für dich vergossen!" Der senkrechte Balken des Kreuzes ist zwar in allem Irdischen verwurzelt, aber er weist unseren Blick in die Höhe, in den Himmel, zu Gott! Ostern, Auferstehung, Himmelfahrt, neues Leben, Hoffnung, Trost - trotz all dem Irdischen. Der Gekreuzigte ist der Auferstandene, er ist der Erhöhte, der in den Himmel aufgefahren ist.

Ganz oben auf dem Altar hier in unserer St. Georgsberger Kirche ist dieses Szenario plastisch dargestellt. Da hält Jesus das Kreuz, dieses Folter- und Mordinstrument jetzt als Siegeszeichen triumphierend in der Hand. Der Künstler will damit zum Ausdruck bringen: Jesus hat alles Irdische, hat Sünde und Tod überwunden und regiert nun mit Gott zusammen die Welt. Mit dem Querbalken des Kreuzes verbindet er alle Menschen miteinander, er umarmt sie, er segnet sie.

Darum ist es hilfreich und tröstlich, die Augen in die Höhe zu heben und zum Himmel zu blicken, aufzusehen auf Jesus, den Anfänger und Vollender des Glaubens.

„Denn Gott gibt uns Müden Kraft und Stärke!
Dann können wir auffahren mit Flügeln wie ein Adler.
Dann können wir laufen und werden nicht matt.
Dann können wir unseren Weg gehen
und werden nicht müde."

Wie ein Adler aus seinem Horst in den Bergen auffliegen,
in Höhen kreisen, in die ein irdischer Mensch aus eigener Kraft nicht hinkommen kann,
wie ein Adler die Niederungen und Schatten der Täler unter sich lassen und scheinbar mühelos im Licht der strahlenden Sonne schweben –
dieses Bild spiegelt eine tiefe menschliche Sehnsucht wieder: Sich so über all die großen und die kleinen Probleme des täglichen Lebens erheben zu können, frei und stark zu sein, so dass man das, was einem im Leben begegnet, mühelos bewältigt, - das ist ein tiefer Wunsch von uns allen. Diesen Wunsch nimmt die uralte bildhafte Prophetenverheißung auf und spricht uns zu: Das könnt auch ihr! Dazu seid auch ihr in der Lage!

Ich habe es immer wieder erlebt: ein Gottesdienst, ein Konzert, ein treffendes Bibelwort aus der Losung, eine verständnisvolle Begegnung mit einem Menschen, aber auch ein Besuch auf einem Kirchentag oder eine Reise ins Heilige Land können solche Höhenflüge sein. Es sind Erfahrungen, die einem Flügel verleihen.

Zwar bleiben wir irdische Menschen, der Erdanziehung unterworfen, zwar müssen wir weiterhin unsere Lebenswüsten durchschreiten, zwar müssen wir uns nach wie vor mit all dem Irdischen in uns und um uns herum auseinandersetzen, zwar bedrängen die Räuber unserer Kraft und Lebensenergie uns weiter. Doch weil Jesus diesen Weg mit uns geht, uns dabei trägt und führt, können wir uns über das Irdische erheben. Wir können den aufgetragenen Weg gehen ohne müde und matt zu werden. Denn Gott gibt uns dazu immer wieder seine Kraft und seine Stärke und seinen Trost. So tröste und so segne Gott unsere Gemeinde und einen jeden von uns alle Tage!

Amen.

Die alttestamentliche Lesung zum heutigen Sonntag, die der Predigt zugrunde liegt, steht beim Propheten Jesaja. Ich lese Worte aus Kapitel 40 in eigener Übertragung und Zusammenfassung.

Da schreibt der Prophet:
Es sprach zu mir ein Stimme: „Predige!"
Und ich fragte: „Was soll ich predigen? Alles Fleisch ist doch wie Gras und all seine Herrlichkeit ist wie eine Blume auf dem Felde. Das Gras verdorrt, die Blume verwelkt!"
Die Stimme Gottes antwortete mir: „Predige: Tröste, tröste, mein Volk! Rede Jerusalem zu Herzen und predige ihr, dass ihre Knechtschaft ein Ende hat, dass ihre Schuld vergeben ist! Siehe, ich, der HERR, dein Gott, komme gewaltig. Ich werde herrschen über den ganzen Erdkreis.
Warum wendest du, Jesaja, ein: ‚Der HERR sieht mich nicht. Mein Weg ist dem HERRN verborgen.'?
Ich, dein Gott, werde meine Herde weiden wie ein guter Hirte. Ich werde die Lämmer in meinen Arm sammeln und im Bausch meines Gewandes tragen und die Mutterschafe führen.
Du weißt doch: Ich, der HERR, der ewige Gott bin es, der die Gestirne und die Enden der Erde geschaffen hat!
Darum:
Hebe deine Augen in die Höhe und sieh zum Himmel!
Denn ich gebe dem Müden Kraft und den Kraftlosen verleihe ich große Stärke! Die auf mich, den HERRN, vertrauen, schöpfen immer wieder neue Kraft:
    Sie bekommen Flügel wie ein Adler.
    Sie laufen und werden nicht matt.
    Sie können ihren Weg gehen und werden nicht müde!"

2. Israel / Palästina

Olivenbaum im Garten Gethsemane, Jerusalem
Foto Mader

Ansprache über den Olivenbaum
gehalten am 04.05.2006 in St. Georg beim Pastorenkonvent
mit Pfarrer Jadallah Shihadeh aus Beit Jala, Palästina

Liebe Konventsgemeinde!

Bei meinen Reisen nach Israel und Palästina habe ich immer wieder festgestellt: Olivenbäume sind heilige Bäume im Heiligen Land. Das hängt sicher auch mit ihrem Alter zusammen. Selbst wenn man sie völlig zurückschneidet oder gar nur wenige Wurzeln in der Erde belässt, wachsen neue Äste oder gar neue Bäume heran. So können Olivenbäume viele Hundert Jahre alt werden. Fachleute schätzen das Alter einiger Olivenbäume im Garten Gethsemane am Ölberg in Jerusalem auf über 2.000 Jahre. Jesus könnte also durchaus unter einem von ihnen vor seiner Gefangennahme gebetet haben.

Olivenbäume bringen den Menschen heute aber auch wichtigen wirtschaftlichen Nutzen. Zum Beispiel durch das Olivenöl. Im vorigen Jahr haben wir bei der Olivenernte der Kinder des Kinderheims von Abrahams Herberge in Beit Jala im Garten von Pfarrer Shihadeh mitgeholfen. Auf drei Arten werden die Oliven dort geerntet. 1. sie werden vom Baum gepflückt. 2. Ein Gärtner beschneidet die Bäume und von den abgesägten Ästen werden ebenfalls alle Oliven gepflückt. Und 3. Große Plastikplanen werden zuvor unter den Bäumen ausgebreitet. Die nicht zu erreichenden Oliven werden vom Baum abgeschüttelt oder abgeschlagen. Und alle Oliven, die auf die Plane fallen, werden von dort aufgesammelt. So geht keine Olive verloren. Mit großer Sorgfalt wird darauf geachtet.

Die Oliven werden noch am selben Tag zur Olivenpresse gebracht. Dort bekommt man dann das Öl von seinen eigenen Oliven. Das Olivenöl ist sehr wertvoll und gesund für die eigene Ernährung. Es wird natürlich auch verkauft und bringt Einnahmen.

Zum anderen werden aus den starken Ästen der Olivenbäume Figuren geschnitzt, vor allem Weihnachtskrippen mit Maria und Josef, dem Stall und den Tieren, den Hirten und den Königen. Wir haben vor ein paar Jahren eine solche große Weihnachtskrippe für unsere Kirche St. Georg auf dem Berge aus Bethlehem gekauft. Seit einiger Zeit werden in Bethlehem auch so genannte „Ratzeburger Engel" geschnitzt nach einer Vorlage meiner Frau.

Das Schnitzen von Olivenholz ist ein altes Handwerk, das in den Familien von Generation zu Generation weitergegeben wird. Wir haben mehrere

Olivenholzschnitzer besucht und bei ihrer Arbeit beobachtet. Das harte, drei Jahre abgelagerte Holz wird zunächst mit Maschinen vorgearbeitet und dann mit kleinen Sägen und Feilen von Hand kunstvoll ausgestaltet. Jede Figur hat eine andere Maserung und bekommt durch die Handarbeit einen eigenen Gesichtsausdruck und Charakter. So sehen alle Figuren sehr lebendig aus.

Viele Schnitzerfamilien leben vom Verkauf dieser Schnitzereien. Eine ganze Serie von Olivenholzengeln nach Zeichnungen meiner Frau wird seit letztem Jahr in Bethlehem ausschließlich für Abrahams Herberge geschnitzt. Ihr Verkaufserlös kommt den Kindern im dortigen Kinderheim zugute. Solche Engel können nach einem Katalog in unserem Kirchenbüro bestellt werden.

So werden Olivenbäume nicht nur wegen ihres Alters im Heiligen Land hoch geachtet. Zugleich sind sie auch Lebensgrundlage für viele Menschen dort. Sie sind heilige Bäume. Es schmerzt die Menschen sehr, wenn diese Bäume einfach ausgerissen werden. Nach einem Sprichwort in Palästina ist das Ausreißen des Olivenbaumes eines anderen Menschen das Schlimmste, was man ihm antun kann. Leider geschieht das zurzeit für den Bau der Trennmauer durch das israelische Militär immer wieder.

Meine Konfirmanden haben in diesem Jahr zu ihrer Konfirmation am letzten Sonntag „Baum-Geschichten" geschrieben. Jeder von ihnen ist in irgendeiner Form von Bäumen fasziniert und kann davon erzählen.

Einige Konfirmanden haben Bäume als Kinder selbst gepflanzt. Sie wachsen mit ihnen gemeinsam auf. Sie freuen sich nicht nur an ihrem Wachstum. Sie freuen sich auch an ihren Veränderungen das ganze Jahr hindurch: Neue Blätter wachsen jetzt im Frühling. Dann blühen die Bäume in schönen Farben und duften. Im Sommer oder Herbst bringen sie leckere Früchte hervor, Äpfel, Birnen oder Pflaumen. Dann färbt sich das Laub bunt und fällt von den Bäumen.

Auch in der Bibel ist immer wieder von Bäumen die Rede. Warum sind Bäume für jeden Menschen so faszinierend? Die Bibel sagt: Bäume sind Symbole, Gleichnisse für uns Menschen. In ihnen erkennen wir uns selbst. An ihnen können wir etwas über uns und für uns lernen.

Wie bei einem Baum besteht unsere Lebensaufgabe darin, das zu entfalten, was in uns steckt. Ein Olivenbaum kann keine Eiche werden und als Früchte keine Äpfel hervorbringen. Gott hat jedem Menschen bestimmte Gaben und Begabungen mitgegeben, unser Geschlecht und unsere

Gene, auch unsere Zeit, in der wir leben, unseren Ort, unsere Familie und unseren Freundeskreis, unseren Arbeitsplatz. Das alles bestimmt unser Leben und ist bei jedem Menschen verschieden.

Wie ein Baum in den ersten Lebensjahren ja auch noch keine Früchte bringt, sondern auf Pflege und Zuwendung angewiesen ist, so ist es auch bei uns Menschen. Kinder und Jugendliche brauchen Zeit und Zuwendung, um zu wachsen, sich zu entwickeln und zu reifen, bis sie Früchte bringen können.

Wie ein Baum entwickelt sich jeder Mensch in sehr eigener Weise. Bei den Bäumen hängt es nicht nur davon ab, wo sie stehen, ob an Wasserbächen oder in der Wüste, sondern auch davon, welche Schicksalsschläge sie ereilen. Ein schwerer Herbststurm mag dem Baum ein paar dicke Äste abreißen. Oder ein Blitz schlägt ihm ein tiefes Loch in die Krone. Der Baum macht Narben daraus und wächst weiter.

So ist es auch mit uns Menschen. Wir werden verletzt und tragen Wunden davon. Dabei ist wichtig, dass unser Lebensbaum kräftige Wurzeln hat, die fest in gutem Boden stecken. Dann findet er auch in dürren Zeiten genügend Wasser. Dann halten wir auch den schweren Stürmen im Leben stand.

Zu den Wurzeln, die mich stark machen, gehört mein christlicher Glaube. Aus ihm ziehe ich die Kraft zum Leben im Sommer und im Winter, bei Sturm und Sonnenschein. Mein Leben ist in Gottes Willen verwurzelt. Nicht immer ist mir das recht. Es ist nicht immer leicht mit Gott. Sein Wille ist nicht immer sanft. Gott kann hart und fordernd sein. Aber er hat mich bislang auch in den finstersten Tälern meines Lebens gehalten und getragen, mich weiter wachsen und an Schwerem reifen lassen.

Nicht nur starke Wurzeln sind wichtig für einen Baum. Wichtig ist auch, dass unser Lebensbaum seine Äste und Blätter der Sonne entgegenstreckt. Dann bekommt er genügend Licht und Wärme, genügend Kraft zum Leben und zum Wachsen.

Für mich ist dieses Licht, dem ich mein Leben entgegenstrecke, die Liebe. Mit den wärmenden Strahlen der Sonne umhüllt mich Gottes Liebe. Sie wärmt nicht nur meine Haut, sie wärmt auch meine Seele. Und sie gibt mir eine Richtung vor, in die ich mich entwickeln will. Ich will von ihr lernen, Gott zu lieben und meine Nächsten wie mich selbst.

Wie die Sonne die Früchte des Baumes reifen lässt und süß macht, so begreife ich auch Gottes Liebe. Sie lässt meine Früchte reifen, meine Taten, Ideen und Aufgaben. Ich will sie Gott zeigen und ihm sagen: „Schau her, das ist aus deiner Idee von mir geworden, hier ist meine Antwort auf deine Liebe." Daraus ergibt sich ein gutes Kriterium für alles, was ich tue: Kann ich es verstehen als Antwort auf Gottes Liebe, als gute Frucht, die im Lichte seiner Liebe gereift ist?

Mit den Worten von Paul Gerhardt aus der 14. Strophe seines Liedes „Geh aus mein Herz..." bitte ich Gott für mich und auch für Euch, für Sie:

„Mach in mir deinem Geiste Raum, dass ich dir werd ein guter Baum, und lass mich Wurzeln treiben.
Verleihe, dass zu deinem Ruhm ich deines Gartens schöne Blum und Pflanze möge bleiben und Pflanze möge bleiben."

Amen.

Predigt über Apostelgeschichte 12, 1-11
gehalten am 30.10.2005 in Abrahams Herberge, Beit Jala, Palästina

Gnade sei mit uns und Frieden von Gott unserem Vater und unserem Herrn Jesus Christus. Amen.

Der Predigttext zu diesem Gottesdienst steht im 12. Kapitel der Apostelgeschichte in den Versen 1 – 11. Es ist eine Mutmach-, eine Befreiungsgeschichte:

Als Herodes Petrus ergriffen hatte, warf er ihn ins Gefängnis und überantwortete ihn vier Wachen von je vier Soldaten, ihn zu bewachen. Denn er gedachte, ihn nach dem Fest vor das Volk zu stellen. So wurde nun Petrus im Gefängnis festgehalten; aber die Gemeinde betete ohne Aufhören für ihn zu Gott.

Und in jener Nacht, als ihn Herodes vorführen lassen wollte, schlief Petrus zwischen zwei Soldaten, mit zwei Ketten gefesselt, und die Wachen vor der Tür bewachten das Gefängnis.

Und siehe, der Engel des Herrn kam herein, und Licht leuchtete auf in dem Raum; und er stieß Petrus in die Seite und weckte ihn und sprach: „Steh schnell auf!" Und die Ketten fielen ihm von seinen Händen. Und der Engel sprach zu ihm: „Gürte dich und zieh deine Schuhe an!" Und er tat es. Und er sprach zu ihm: „Wirf deinen Mantel um und folge mir!"

Und Petrus ging hinaus und folgte ihm und wusste nicht, dass ihm das wahrhaftig geschehe durch den Engel, sondern er meinte, eine Erscheinung zu sehen. Sie gingen aber durch die erste und zweite Wache und kamen zu dem eisernen Tor, das zur Stadt führt; das tat sich ihnen von selber auf. Und sie traten hinaus und gingen eine Straße weit, und alsbald verließ ihn der Engel.

Und als Petrus zu sich gekommen war, sprach er: „Nun weiß ich wahrhaftig, dass der Herr seinen Engel gesandt und mich aus der Hand des Herodes und von allem, was das jüdische Volk an Bösem gegen mich erwartete, errettet hat."

Liebe Gemeinde!

Was Gott durch seine Engel bewirken kann! Fesseln werden gesprengt, Mauern durchbrochen, Gefangene befreit. Die Geschichte macht Mut gerade auch den Menschen hier in Palästina, die sich wie in einem Gefängnis fühlen von hohen Mauern eingeschlossen! Die Geschichte sagt: Es gibt Hoffnung! Gott kann Mauern überwinden, Menschen befreien und neues Leben schenken. Petrus hat erkannt: „Der Herr hat seinen Engel gesandt und mich errettet!"

Diese Kirche hier in Abrahams Herberge weiß ein Lied von Engeln zu singen. Wir haben eben das Theaterstück der Jugendlichen gesehen. Vielen Dank für das schöne Spiel! Der Engel des Herrn bringt Zacharias die freudige Nachricht, dass seine betagte Frau Elisabeth noch ein Kind gebären wird, ein ganz besonderes Kind, Johannes den Täufer, den Vorläufer Jesu. Zacharias kann die Engelsbotschaft nicht fassen, nicht glauben und verstummt, bis sein Sohn zur Welt gekommen ist.

Eine ähnliche Engelsgeschichte sehen wir hier vorn auf dem Fenster über dem Altar: Boten Gottes kommen in Mamre zu Abraham und Sarah und kündigen ihnen die Geburt eines Sohnes an. Unglaublich, fast lächerlich erscheint ihnen diese Botschaft der Engel. Sind sie doch ein betagtes Ehepaar und haben viele Jahre lang vergeblich auf Kindersegen gehofft. Und doch: bei Gott ist kein Ding unmöglich. Die alte Sarah bringt einen Sohn zur Welt, Isaak. Die Heilsgeschichte Gottes mit seinem Volk beginnt. Abraham wird der Stammvater, nach dem diese Kirche, dieses christliche Zentrum hier in Beit Jala, seinen Namen „Abrahams Herberge" erhalten hat.

Auf den Fenstern an den Seitenwänden finden wir die vier Erzengel. Gabriel hat Maria die Geburt des Gottessohnes angesagt und Raphael den Hirten die frohe Weihnachtsbotschaft verkündigt. Michael und Uriel werden am Ende der Zeiten das Böse besiegen und das Geheimnis Gottes vollenden. Diese Kirche weiß um die Bedeutung der Engel und bringt sie den Gläubigen nahe, die sich hier versammeln.

Engel stellen die Verbindung her zwischen Gott und den Menschen – wie es Jakob im Traum von der Himmelsleiter schaute, auf der die Engel auf- und niederstiegen. (1.Mose 28,12) Sie tragen die Gebete der Menschen zu Gott empor, und sie werden von Gott als Antwort und Hilfe auf ihr Gebet zu den Menschen gesandt. Sie bringen Menschen Botschaften von Gott, sie geleiten und behüten sie, sie stärken sie in ihrer Not und Traurigkeit, sie befreien sie aus Unrecht und Gefahr und sie sind bei ihnen in ihrem Sterben.

Gott selbst wirkt durch seine Engel. Martin Luther sagt, das geschieht entweder „durch *einwendig* Anregen, dass einem plötzlich ein Rat oder Sinn eingegeben wird oder dass einem *äußerlich* ein Zeichen oder Anstoß in den Weg gelegt wird, damit der Mensch gewarnet oder gewendet wird, dies zu tun und das zu lassen, diesen Weg zu ziehen und diesen Weg zu meiden." Gott wirkt durch seine Engel aber auch befreiend, indem er das Unrecht bekämpft, manchmal ganz handfest wie bei Petrus im Gefängnis.

Die Engel sind nichts für sich selbst, sie gehen ganz auf in ihrem Dienst für Gott. Sie treten als Boten und Helfer Gottes auf. Zumeist sind sie namenlos, sie sind nichts als „Engel des Herrn", sie richten seine Befehle aus und befreien Menschen von der Macht des Bösen.

Engel sind Grenzgänger zwischen Himmel und Erde, zwischen der sichtbaren und der unsichtbaren Welt, zwischen Zeit und Ewigkeit. Im Neuen Testament erscheinen sie vornehmlich da, wo diese Grenzlinie nach der einen oder anderen Seite überschritten wird. Das lateinische Wort für „überschreiten" heißt „transcedere". Davon ist unser Wort „Transzendenz" abgeleitet.

Engel repräsentieren die Transzendenz im Sinne des Bonhoeffer Wortes: „Gott ist mitten in unserem Leben jenseitig." Wir sollen und dürfen mit wacher Aufmerksamkeit nach den Spuren der Engel suchen, nach Zeichen der Transzendenz, die über die Alltagswirklichkeit hinausweisen auf eine andere Dimension der Wirklichkeit. Es gilt, „in, mit und unter" der empirischen Wirklichkeit unseres Lebens die Zeichen jener anderen, unsichtbaren, göttlichen Wirklichkeit zu erkennen.

In dem bekannten Gedicht von den „Spuren im Sand" wird von einem alten Mann erzählt, der Rückblick hält auf sein Leben. Wie in einem Film sieht er jedoch nicht sich selbst, sondern immer nur die Spuren, die seine Füße hinterlassen haben. Und er erkennt: seit seiner Taufe begleitet ihn ein zweites Paar Füße und er weiß: „Gott ist bei mir." Doch in den Zeiten, als es ihm schlecht ging, als er schwer erkrankte, als seine Ehe kaputt ging, als er seine Arbeit verlor, da sieht er nur noch ein Paar Füße. Da wird er böse auf Gott und klagt: „Warum hast du mich ausgerechnet in den Stunden, in denen ich dich am dringendsten brauchte, allein gelassen?" Da antwortet ihm Gott: „Mein Freund, nie habe ich dich allein gelassen. Da, wo du nur ein Paar Füße siehst, da sind das meine Füße, da habe ich dich auf meinen Händen getragen."

Ich wünsche uns, dass wir diese Erfahrung immer wieder in unserem Leben machen dürfen, dass wir gerade auch in den finstern Tälern unseres Lebens von Gottes Engeln gehalten und getragen werden.

Die Ratzeburger Gemeindeschwester Renate Mader hat 14 Engel gezeichnet. Der Schnitzer Issa Kheir aus Beit Sahour hat sie aus Olivenholz geschnitzt. Im Anschluss an diesen Gottesdienst werden sie vorgestellt und sollen zugunsten von Abrahams Herberge verkauft werden. Renate Mader hat über ihre Engel geschrieben: „Der Engel des Herrn ist auch zu dir unterwegs. Auch für dich hat er ein Wort. Mit seiner Hilfe kannst du es hören und darauf vertrauen."

Engel sind Boten Gottes, Gesandte, Wegbegleiter oder Tröster. Wenn du in einer schwierigen Lebenssituation bist, es dir schlecht geht, kannst du Gott um Hilfe und Beistand bitten. Er wird dir sicherlich einen Engel senden, der dir mit einem Lächeln begegnet und dir schon dadurch Mut und Hoffnung gibt." Darum nennt sie ihre Engel „Engel der Hoffnung."

In der Geschichte von der Befreiung des Petrus aus dem Gefängnis wird erzählt: „Die Gemeinde betete ohne Aufhören für ihn zu Gott." Beten hilft, Gebete werden von Gott erhört. Auch Martin Luther betete in seinem täglichen Morgen- und Abendgebet: „Dein heiliger Engel sei mit mir, dass der böse Feind keine Macht an mir finde." Denn, so sagt er: „Wer einen Engel zum Freund hat, braucht die ganze Welt nicht zu fürchten."

Wie Luther dürfen wir täglich für uns und für andere den Schutz und das Geleit der Engel erbitten.

Wir wollen das jetzt tun und beten:

Lieber himmlischer Vater,
- **Sende deinen Engel** zu denen, die einsam und verlassen sind, dass du sie durch deine Gegenwart tröstest – wie du Hagar in der Wüste durch deinen Engel deiner Gegenwart und Fürsorge gewiss gemacht hast.
- **Sende deinen Engel** zu denen, die den rechten Weg nicht wissen, dass du sie geleitest und in ihrer Not und Gefahr behütest – wie du Tobias durch den Engel Raphael geleitet und behütet hast.
- **Sende deinen Engel** zu denen, die durch irgend eine böse Macht gebunden sind, die eingesperrt und in ihren Lebensmöglichkeit eingeengt und begrenzt sind wie das palästinensische Volk, dass du sie befreiest – wie du Petrus aus dem Gefängnis befreit hast.
- **Sende deinen Engel** zu denen, deren Seele verzagt und zu Tode betrübt ist, dass du ihnen Kraft gibst, zu tragen, was ihnen auferlegt ist – wie du Jesus in Gethsemane durch einen Engel vom Himmel gestärkt hast.
- **Sende deinen Engel** zu denen, die Folter und Qualen leiden, dass du ihre Seele bewahrst – wie du durch deinen Engel die drei Männer im Feuerofen bewahrt hast.
- **Sende deinen Engel** zu denen, die sterben, dass du sie durch deine Engel über die Schwelle des Todes zum ewigen Leben geleitest – wie sie den armen Lazarus, der vor der Tür des reichen Mannes lag, in Abrahams Schoß getragen haben.

Amen.

Predigt über Micha 5, 1
gehalten am 24.12.2008 in St. Georg

Liebe Gemeinde der Weihnacht!

Wie würden Sie Bethlehem malen? Bei einer Weihnachtsfeier mit unseren Mitarbeitern vor einer Woche haben wir Montagsmaler gespielt. Da bekommt einer ein Wort, einen Begriff gezeigt. Den muss er malen. Er darf nichts sagen, nichts schreiben, nur malen. Die anderen kennen den Begriff nicht und müssen raten, was da gemalt wird. „Bethlehem" war einer dieser Begriffe. Wie würdet Ihr, wie würden Sie Bethlehem darstellen?

Seit unserer Kindheit haben wir alle Bilder in unserem Kopf gespeichert. Bilder von der Krippe, von Maria und Josef, der mühseligen Reise von Nazareth nach Bethlehem, dem unfreundlichen Wirt, dem Stall, den Hirten und wahrscheinlich auch von Bethlehem. Wie oft haben wir diese Geschichte seit unseren Kindertagen gehört! Wie viele Krippenspiele haben wir erlebt! Wie viele Weihnachtslieder gesungen Und immer sind neue Farben, neue Details in unserer Vorstellung hinzugekommen.

Bei mir ist das genauso. Bilder aus meiner Kinderbibel und Erzählungen der Weihnachtsgeschichte durch meine Eltern vermischen sich mit Bildern aus der Kunstgeschichte oder mit Krippendarstellungen wie hier in unserer Kirche. Das alles hat meine Vorstellung von Weihnachten, von der Geburt Jesu, von Bethlehem geprägt. Trotzdem ist es schwierig, Bethlehem mit ein paar Strichen zu malen, so dass es andere erkennen.

Die Bilder in meinem Kopf haben sich zudem in den letzten Jahren etwas verändert, ergänzt. Mehrfach war ich in dieser Zeit in Bethlehem. Ich kenne diese kleine palästinensische Stadt in der Nähe von Jerusalem inzwischen ganz gut, auch einige Menschen dort. Seitdem weiß ich zum Beispiel:

Bethlehem liegt 800 Meter hoch und ist sehr hügelig. Die Hirtenfelder befinden sich tief unten im Tal in Beit Sahour. Geschneit hat es damals bei der Geburt Jesu bestimmt nicht. Auch wenn in dieser Jahreszeit oft kühler Wind und manchmal Regenschauer das Wetter bestimmen - weiße Weihnachten kennt man in Bethlehem nicht. Und der Stall war sicher auch keine Holzhütte, wie ich früher immer dachte, sondern wohl eine Höhle. In ihr konnten die Tiere sicher und geschützt übernachten.

Die Menschen in Bethlehem sind überaus gastfreundlich. Wir haben das bei unseren Reisen immer wieder erfahren. Darum sind sie sehr traurig darüber, dass ihre Vorfahren in der Weihnachtsgeschichte so schlecht wegkommen. Denn da heißt es ja: „Maria und Josef hatten sonst keinen Raum in der Herberge." Unsere Freundin Faten aus Bethlehem, eine palästinensische Christin, interpretiert das so: „Niemals wird ein Wirt aus Bethlehem gegen das Gastrecht verstoßen, erst recht nicht, wenn es um eine schwangere Frau geht! Niemals! Es war gut für Maria und Josef, dass sie in diesem Stall, in dieser Höhle übernachten konnten und nicht in der überfüllten Herberge. Denn bei den Tieren dort war es warm und trocken. Und vor allem: ganz ungestört durch andere Gäste konnte Maria dort ihr Kind zur Welt bringen." Die Bethlehemiten sind fest davon überzeugt: Maria und Josef sind damals an einen sehr umsichtigen und gastfreundlichen Wirt aus Bethlehem geraten, so wie es die Menschen dort auch heute noch sind.

Bethlehem heute ist geprägt durch Kirchen. Da gibt es vor allem die Geburtskirche. Sie ist schon im 4. Jahrhundert vom römischen Kaiser Konstantin über der Höhle gebaut worden, in der Maria das Jesuskind zur Welt gebracht hat. Die Stelle ist heute in der Geburtsgrotte durch einen silbernen Stern gekennzeichnet. Am anderen Ende der Basarstraße befindet sich die evangelische Weihnachtskirche. Sie wurde vor über 100 Jahren vom deutschen Kaiser Wilhelm gebaut. Aber Bethlehem heute ist auch geprägt von einer hohen Trennmauer. Die Israelis schotten damit Bethlehem von Jerusalem ab. Uralte Verkehrs- und Handelsverbindungen sind auf diese Weise abgeschnitten.

Bethlehem – ich könnte so vieles malen. Ich könnte auch noch vieles erzählen. Etwa über Bethlehem als Stadt Davids, des größten Königs Israels, der rund 1.000 Jahr vor der Geburt Jesu lebte. Der Messias, der von Gott gesandte Retter der Welt sollte ja ein Nachkomme Davids sein und deshalb musste er in Bethlehem geboren werden. So hat es der Prophet Micha geweissagt.

Oder der hebräische Name „Bethlehem" bedeutet: „Haus des Brotes". Jesus hat sich vielleicht in Anlehnung an seine Geburtsstadt später selbst „Brot des Lebens" genannt. Ein Pastor hat deshalb als Montagsmaler beim Begriff „Bethlehem" ganz einfach ein Haus und ein Brot gemalt. Das war natürlich nur für Insider zu erraten.

So viele Bilder schwirren mir beim Begriff „Bethlehem" durch den Kopf. Aber was ist das Wichtigste an Bethlehem? Natürlich die Geburt des Gottessohnes! Sie feiern wir heute zu Weihnachten. Gott ist in Bethlehem Mensch geworden. Er ist uns ganz nahe gekommen. Er hat unser Schicksal auf sich genommen, um es mit uns zu teilen und für uns zu tragen. Er schenkt uns in diesem Kind in der Krippe von Bethlehem seine ganze Liebe und Menschenfreundlichkeit.

Besonders beeindruckt hat mich in diesen Tagen der Aufsatz eines 11-jährigen Jungen aus Bethlehem. Auf die Frage: „Nenne zehn gute Dinge, die kein Geld kosten!" hat Rami Abu Serhan geschrieben:

„In unserem Leben gibt es fast nur Dinge, für die man bezahlen muss. Aber es gibt auch einige Dinge, die man ohne Geld bekommt. Ich nenne die für mich zehn wichtigsten Dinge:

1. Als erstes nenne ich meine Familie, dass ich eine Familie habe, sogar eine perfekte Familie, und ich muss ihr kein Geld geben.
2. An zweiter Stelle steht das Lächeln meiner kleinen Schwester. Ich würde alles für meine kleine Schwester machen.
3. Als drittes nenne ich die Liebe Gottes. Dafür muss man nichts bezahlen, man bekommt sie geschenkt.
4. Als viertes kommt eine gute Freundschaft. Mit meinen Freunden kann ich alles machen und ihnen auch alles anvertrauen.
5. An fünfter Stelle nenne ich die Liebe. Sie ist eines der schönsten Dinge im Leben eines Menschen. Liebe heißt nicht nur Liebe zu einem Mädchen oder einem Jungen, sondern auch Liebe zu den Eltern, zu den Geschwistern, zu den Freunden und auch zu Gott.
6. An sechster Stelle nenne ich das Wetter, da das Wetter von Gott beherrscht wird und Gott uns sehr gutes Wetter in unserem Land schenkt, was in anderen Ländern nicht so ist, z.B. in Deutschland. Das Wetter in unserem Land ist sehr warm, aber nicht zu warm.
7. An siebter Stelle nenne ich etwas, worüber fast niemand im Leben nachdenkt: nämlich das Sprechen und das Gehen und Sehen. Leider hat nicht jeder dieses Geschenk von Gott bekommen.
8. An achter Stelle nenne ich etwas, worüber auch niemand groß nachdenkt: das Leben selbst. Es ist auch etwas, wofür man kein Geld bezahlen muss. Aber ohne das Leben könnte ich nichts, ich könnte das hier nicht schreiben, gar nichts könnte ich.
9. An neunter Stelle kommt bei mir die Gnade. Ich meine damit, jemandem etwas zu geben oder von jemandem etwas zu empfangen, was man gar nicht verdient hat.
10. An zehnter Stelle nenne ich das Glück. Es ist für mich sehr wichtig. Wenn zum Beispiel meine Mutter oder meine Familie glücklich ist, bin ich auch der glücklichste Junge der Welt.

Ich würde sagen, dass das die zehn wichtigsten Dinge in meinem Leben sind, die nichts kosten. Ich glaube, Gott hat sie mir geschenkt, nicht nur zu Weihnachten." Soweit der Aufsatz von Rami Abu Serhan aus Bethlehem zum diesjährigen Weihnachtsfest.

Das sind noch einmal andere Bilder aus Bethlehem: Weihnachtsgeschenke, die nichts kosten und die doch so unendlich wertvoll sind. Solche Geschenke, die - wie gemalt - ins Bild unseres Lebens passen und es bereichern, solche Geschenke will und kann auch uns das scheinbar so hilflose Gotteskind in der Krippe machen. Solche Weihnachtsgeschenke aus Bethlehem wünsche ich uns allen.

Amen.

Ansprache über die Wüste
gehalten am 15.03.2008 im Wadi Rum, Jordanien, bei einer Wüstenexkursion während der dritten Gemeindereise ins Heilige Land

Liebe Wüstenwanderer!

Wir haben es geschafft! Hier im Schatten dieser bizarren Felsformation können wir Rast machen. Wir haben nach unserer Wanderung über heißen Kies und staubigen Sand ein Fleckchen Erde gefunden, wo wir uns ausruhen können. Wie angenehm sind der Schatten und der Wind! Wie köstlich schmeckt das lauwarme Wasser aus unseren Flaschen! Gut, dass wir es dabei haben! Wie erholsam ist es, auf einem Felsbrocken zu sitzen, die Wanderschuhe auszuziehen und heiß gelaufenen Füße hochzulegen!

So ein klein wenig können wir uns hineinfühlen in die biblischen Geschichten, die in der Wüste spielen: Etwa als die Israeliten 40 Jahre durch die Sinaiwüste zogen auf ihrem Weg von Ägypten ins gelobte Land. 40 Jahre! Oder wie Jesus 40 Tage in der Wüste fastete.

Ein Siebtel unserer Erdoberfläche ist von Wüsten bedeckt. Diese Landschaftsform ist durch extrem hohe Hitzegrade charakterisiert bis 58 Grad im Schatten. Sie erhält außerdem im Jahresdurchschnitt weniger als 25 cm Niederschlag. So wird das Phänomen „Wüste" definiert. Entsprechend ist die Meinung verbreitet, die Wüste sei wesentlich gekennzeichnet durch Dürre und Hitze, Unfruchtbarkeit und Lebensfeindlichkeit. Ja, manche verbinden mit Wüste gar die Vorstellung eines riesigen *„Sandkastens"*, in dem man bei längerem Aufenthalt unweigerlich verdursten müsse. All das trifft zwar auch zu, ist aber nur ein Teil der Wahrheit.

Denn die Wüste ist weder völlig unfruchtbar noch total lebensfeindlich. Die Hitze bei Tag wird abgelöst durch eine erhebliche Abkühlung bei Nacht, so dass die Tuareg sagen: *„Die Wüste ist ein kaltes Land mit einer heißen Sonne."* Das Wüstenklima ist das heftigste Klima der Erde. Da die Atmosphäre keine Feuchtigkeit hat, gibt es keine Wolken, die das Land bekleiden, um es vor der heißen Sonne zu schützen oder die Wärme am Abend festzuhalten. So ist der Wüstenboden wie die Platte eines eisernen Ofens. Wenn ihn die Sonne bestrahlt, wird er schnell heiß. Das ist schon ein paar Minuten nach Sonnenaufgang der Fall. Und wenn abends die Sonne versinkt, wird es im selben Augenblick kühl. Das Land strahlt seine Wärme in die klaren Himmelsweiten hinaus, unfähig, sie an sich zu binden.

Da die im Durchschnitt gemessene jährliche Niederschlagsmenge nicht kontinuierlich fällt, sondern nach Jahren völliger Trockenheit plötzlich in sintflutartiger Fülle herniederprasselt, kann über Nacht aus der Wüste ein paradiesischer Garten entstehen. Walt Disneys Film aus den 50-ger Jahren *„Die Wüste lebt"* hat das eindrucksvoll gezeigt.

Die plötzlichen, heftigen Regenfälle sind gefährlich. Die ausgedörrte, harte Erde kann die Wassermassen nicht aufnehmen, so dass ausgetrocknete Wadis sehr schnell zu reißenden Flüssen werden. Ein paradoxes, aber zutreffendes Sprichwort der Beduinen besagt deshalb: *„In der Wüste sind mehr Menschen ertrunken als verdurstet."* Vor ein paar Tagen haben wir über dieses Phänomen in Petra Anschauliches erfahren. Vor sechs Jahren haben Renate und ich in Dahab auf dem Sinai gesehen, dass eine Sturzflut wenige Wochen zuvor eine Schneise der Verwüstung quer durch den Ort geschlagen hatte. Alle Gebäude in dieser Schneise waren durch die urplötzlich auftretende Wasserflut ins Meer gespült worden.

In den Wadis hält sich auch in den Trockenzeiten ein wenig Grundwasser. Wenn man mit dem Flugzeug über die Wüste fliegt, kann man den Verlauf solcher Wadis gut daran erkennen, dass in ihnen in unregelmäßigen Abständen Dornbüsche oder Schirmakazien dank ihrer langen, tiefen Wurzeln ein karges Dasein fristen.

Das Besondere der Wüste liegt gerade darin, dass sie die genannten extremen Pole zusammenfasst und zusammenhält. Wüste bedeutet unzertrennbar beides: Hitze und Kälte, Unfruchtbarkeit und Leben, wasserlose Zonen und fruchtbare Oasen, Sand und Stein, Ebene und Hochgebirge. Alles steht in einer labilen Balance zueinander. Das Leben und Lebensspendende wehrt sich gegen das, was Leben bedroht und vernichtet: es wehrt sich gegen erbarmungslose Hitze und brutale nächtliche Abkühlung, gegen empfindlichen Wassermangel und reißende Wasserfluten in den Wadis, gegen vordringenden Sand und erstickende Sandstürme.

Dabei sind es gerade diese tödlichen Faktoren, die die unglaublich schönen, erhabenen und bizarren Landschaftsformen der Wüste hervorbringen, indem sie Fels und Stein in einer ungeheuren Weise verwittern und erodieren lassen. So führen etwa die rasanten Temperaturunterschiede zwischen Tag und Nacht von bis zu 50 Grad dazu, dass selbst härteste Gesteinsformationen buchstäblich zerspalten und zermahlen werden und unter dem zusätzlichen Dauerbeschuss von heftigen Wind- und Sandstürmen die wohl faszinierendsten geologischen Formationen der Erde hervorbringen.

Der Sand ist das Endprodukt dieser zerstörerischen Verwitterung. Dabei besteht nur ein Zehntel der Wüstenfläche aus Sandfeldern und Dünen; der weitaus überwiegende Teil besteht aus Stein, Fels und Geröll. Das haben wir ja eben auf unserer Wanderung erlebt. Der Sand findet in Dünen immer wieder neue Gestalten, die ihre Formen nach Luftströmungen und Jahreszeiten ändern und in die der Wind die schönsten Muster zeichnet. Der Sand wird durch die lebendigen Formen der Dünen und ihrer Muster gewissermaßen selbst zum Leben erweckt.

Jede Wüste hat ihren eigenen Charakter. Renate und ich haben in den letzten sechs Jahren bisher nur winzige Bruchstücke der vielfältigen Wüsten dieser Erde erkunden und erleben können. Ein kleines Stück sind wir in Ägypten in die Sahara vorgedrungen, die dort östlich des Nils Arabische Wüste und westlich des Nils Libysche Wüste heißt. Die Sahara zeichnet sich durch die unendliche Weite und ihren Formenreichtum aus mit ihren unabsehbaren Hochebenen, mit ihren oft bizarren Hochgebirgen und mit ihren Sanddünen, in die der Wind die schönsten Muster und Linien schreibt. In einem Bildband heißt es: „Die Sahara besteht aus Landschaftsformen von grandioser, fast übernatürlicher Schönheit." Gerade diese Schönheit zieht immer wieder Menschen an, die in oftmals gefährlichen Expeditionen die Wüste erkunden.

Was die Sahara-Wüste von anderen Wüsten der Erde vor allem unterscheidet, ist allein schon ihre Ausdehnung: Sie umfasst ein Gebiet von der Größe fast ganz Europas. Mit einer Fläche von etwa neun Millionen Quadratkilometern erstreckt sie sich über die Staatsgebiete von zehn Ländern und reicht von den Vorgebirgen des Atlas im Westen bis zu den Küsten des Roten Meeres im Osten und vom Maghreb und den Küstenebenen Libyens und Ägyptens am Mittelmeer im Norden rund zweitausend Kilometer südwärts bis zum Sahel, wo sie fast unmerklich in ausgedehnte Savannen übergeht. Antoine de Saint-Exupéry, der Autor des *„Kleinen Prinzen"*, hat in den 20-ger Jahren des vorigen Jahrhunderts jahrelang als Verkehrspilot der Saharalinie in dieser Wüste gelebt und in mehreren Büchern seine Erlebnisse eindrucksvoll geschildert.

In jeder Wüste finden sich die raffiniertesten Mechanismen, mit denen Pflanzen, Tiere und Menschen versuchen, diesem von Tod und Vernichtung bedrohten Raum Leben abzutrotzen. Jedes lebendige Wesen präsentiert sich hier als Überlebenskünstler. Vielleicht ist es diese überall anzutreffende Hochspannung zwischen Tod und Leben, die jede Wüste so eindrucksvoll macht.

Doch warum fasziniert die Wüste nahezu jeden Menschen, der sie betritt und sogar den, der nie dort war? Wüste ist ein Symbolwort, das in die Seele der Menschen eingeprägt ist. Sie ist eines der sprechendsten Bilder für unser Leben. Gerade in der Spannung von Ort des Todes und Ort des Lebens lädt die Wüste dazu ein, das eigene Leben in ihrem Bild neu zu sehen und zu verstehen. Sie hält uns einen Spiegel vor, in dem uns die gegensätzlichen Dimensionen unseres Lebens neu aufgehen können: Durststrecken und finstere Täler, Enttäuschungen und schmerzliche Abschiede, aussichtslose Situationen und unfruchtbares Mühen kennen wir in unserem Leben genauso wie die Sehnsucht nach unendlicher Ruhe und Freiheit, nach blühenden Oasen und faszinierender Schönheit einer von Menschenhand unberührten Natur, nach Selbstbesinnung und Konzentration auf das Wesentliche und Lebenserhaltende, auf Gott. All das können wir in dem Symbol der Wüste wiederfinden. Manche haben zum Beispiel die vierzig Jahre DDR-Erfahrung mit der vierzigjährigen Wüstenwanderung des Volkes Israel verglichen. Ich denke, auch im persönlichen Leben kann jeder solche Parallelen entdecken.

Nicht von ungefähr sind die großen Religionsstifter wie Mose oder Jesus Kinder der Wüste. Mose hat die zehn Gebote von Gott auf dem Sinai bei der vierzigjährigen Wüstenwanderung des Volkes Israel empfangen. Nächste Woche werden wir dort sein und je nach Kondition den Moseberg besteigen. Jesus verbrachte vierzig Tage in der judäischen Wüste, bevor er als Prediger und Wundertäter auftrat. Die Wüste – auch die im eigenen Leben – ist in der Bibel immer ein Ort der Gottesbegegnung, der Gotteserfahrung. Das wünsche ich einem jeden von uns hier im Wadi Rum, auf unserer Reise und an allen Orten unseres Lebens!

Amen.

3. Das Kirchenjahr

Weihrauchbaum im Dhofar, Oman
Foto Mader

Predigt über Lukas 2, 7
gehalten am 24.12.2013 in St. Georg, Heiligabend

Liebe Gemeinde!

Nun ist der Heilige Abend da. Wir freuen uns nach all den Tagen der Vorbereitung, der Spannung und Aufregung oft voller Hektik und Stress, dass nun die Ruhe und Feierlichkeit der Weihnacht bei uns einkehren will. Wir haben die bekannten Weihnachtslieder gesungen und die vertrauten Worte der Weihnachtsgeschichte von der Geburt Jesu Christi im Stall von Bethlehem noch einmal gehört.

Ein kleiner Vers in der Mitte dieser Geschichte ist mir in diesem Jahr besonders wichtig geworden, um die tiefe Bedeutung des Geschehens für uns wieder neu zu entdecken. Da heißt es: *„Maria wickelte Ihren Sohn in Windeln und legte ihn in eine Krippe; denn sie hatten sonst keinen Raum in der Herberge."*

Bei diesen Worten haben wir seit unserer Kindheit sicher sofort Bilder vor Augen: Den Stall aus Brettern mit der Holzkrippe, Maria und Josef, die Hirten und Ochs und Esel. Darüber der Chor der Engel. Unsere Olivenholzkrippe hier vorne aus Bethlehem unterstützt diese Vorstellung.

Jeder, der wie wir schon einmal in Bethlehem war, weiß allerdings, dass es dort etwas anders aussieht: Einen Stall aus Brettern gibt es nicht und hat es auch damals nicht gegeben. Mir ist vor einigen Tagen eine alte Ikone, ein Krippenbild aus einer orthodoxen Kirche in Bethlehem begegnet, die das eindrucksvoll berücksichtigt. Dieses Bild versucht die Ereignisse von damals in ihrer tiefen Bedeutung auch für uns darzustellen. Ich will versuchen, es Ihnen zu beschreiben:

Jesus wird in einer Felsenhöhle geboren, wie es sie heute noch häufig in der Nähe von Bethlehem gibt und wie sie noch immer von der Landbevölkerung als Viehstall genutzt wird. Die Häuser wurden einfach vor die vorhandenen Höhlen davor gebaut, so dass diese in den Gebäudebereich mit einbezogen wurden. Der Ort der Geburt Jesu innerhalb der Geburtskirche, die aus dem 4. Jahrhundert stammt, führt bis heute hinab in eine solche Höhle.

In Ermangelung eines Bettes oder einer Wiege legte Maria ihr Kind in eine Futterkrippe der Tiere. Diese Krippen wurden entweder aus festgestampftem Lehm oder aus Ziegelsteinen gebaut. So kann man sie in den Höhlenställen bei Bethlehem auch heute noch sehen.

Die Krippe auf der Ikone gleicht einem steinernen Backtrog. Damit wird auf die Bedeutung von Bethlehem und von Jesus angespielt. „Bethlehem" heißt zu Deutsch: „Haus des Brotes" Und Jesus selbst hat sich später als „Brot des Lebens" (Johannes 6,15) bezeichnet und bietet sich uns auf dem steinernen Altartisch im Abendmahl selbst an zu unserem Heil. Der Ikonenschreiber will sagen: Schon bei der Geburt, bei der Art der Krippe, wird die spätere göttliche Bedeutung Jesu erkennbar.

Die Krippe ist dabei auch ein Zeichen der Heimatlosigkeit Jesu. Später hat er einmal zu seinen Jüngern gesagt: „Die Füchse haben Höhlen und die Vögel des Himmels Nester, aber der Menschensohn hat keinen Ort, wo er sein Haupt hinlegen kann." (Matthäus 8,20)

Die Krippe ist umgekehrt das Zeichen dafür, dass die Menschen keinen Platz für Gott haben, dass sie meinen, sie könnten ohne ihn auskommen und ihr Leben aus eigener Kraft und Stärke meistern. Sie sind so von ihren eigenen Ideen und Vorstellungen erfüllt, dass sie ihm nicht Raum geben wollen in ihren Herzen.

Dieser Tage sah ich ein Weihnachtsbild aus unserer Zeit mit Stall, Maria und Josef, den Hirten und Engeln. Das einzige, was fehlte, war das Kind in der Krippe! Ist das nicht bezeichnend für den Umgang vieler unserer Zeitgenossen mit Weihnachten? Sie feiern das Fest, sie singen Lieder, kaufen Geschenke, stellen einen Tannenbaum auf – doch die Krippe ihrer Herzen bleibt leer, ihnen fehlt das Kind, sie erkennen gar nicht, worum es Weihnachten eigentlich geht. Sie meinen, auch ohne das Gotteskind ein gelungenes Fest feiern zu können.

Im Johannes – Evangelium heißt es: Gott kam durch seinen Sohn in die Welt, die durch ihn gemacht ist, aber die Welt erkannte ihn nicht. „Er kam in sein Eigentum, aber die Seinen nahmen ihn nicht auf." (Johannes 1,11)

Zum Zeichen dafür stehen auf der Ikone, aber auch auf vielen anderen Weihnachtsdarstellungen, Ochs und Esel als stumme Bußprediger an der Krippe, obwohl sie in der biblischen Weihnachtsgeschichte gar nicht vorkommen. Das geht zurück auf ein Wort des Propheten Jesaja, in dem es heißt: „Ein Ochse kennt seinen Herrn und ein Esel die Krippe seines Herrn; aber die Menschen kennen ihren Herrn nicht und finden nicht den Weg zur Krippe, in der das Heil der Welt beschlossen liegt." (Jesaja 1,3) Die Maler von Ochs und Esel wollen uns mahnen: Erkennt doch euren Heiland in der Krippe! Seht her! Hier ist er für euch, für dich geboren!

Ein Theologe unserer Tage hat einmal formuliert: „Krippe und Kreuz sind aus demselben Holz geschnitzt." Sie markieren Anfang und Ende des irdischen Lebens Jesu. Die Krippe bedeutet: Die Menschen hatten keinen Platz für den, in dem Gott zur Welt kam. Das Kreuz bedeutet: Die Menschen stießen den Sohn Gottes aus ihrer Mitte und kreuzigten ihn draußen vor den Toren der Stadt, wie es im Hebräerbrief heißt. (Hebräer 13,12)

Die Christgeburt in der Höhle erhält auf der alten Ikone damit einen besonderen Sinn: Die Geburtshöhle steht in augenfälliger Beziehung zur Grabeshöhle. Die aus Stein gehauene Krippe gleicht einem Sarkophag und das in Windeln gewickelte Kind dem in Leinentücher eingewickelten Leichnam.

Die Parallele zwischen Geburt und Tod Jesu wird auf der Ikone noch weitergeführt: Der Abstieg des göttlichen Sohnes in die Höhle der menschlichen Geburt, in die tiefste Tiefe der Welt, setzt sich fort in seinem Abstieg in das Totenreich. Aus ihm, so ist es auf der Ikone zu erkennen, führt er Adam, den Menschen, heraus und erlöst ihn zum ewigen Leben. So ist die Menschwerdung Jesu bereits der Beginn seiner Passion, das Geschehen von Bethlehem ein Widerschein des Geschehens von Golgatha.

Der Engel, der den Hirten die Botschaft von der Geburt Jesu verkündet, nennt als Kennzeichen des göttlichen Kindes nicht himmlischen Glanz und göttliche Hoheit, sondern die Windeln seiner Menschlichkeit und die Krippe seiner Armut. Weil Gott in das Elend dieser Welt einging, weil er unbeachtet von der Welt als hilfsbedürftiges Kind in einer Notunterkunft zur Welt kam, darum ist die Weihnachtsbotschaft für uns eine so tröstliche, eine frohe Botschaft.

Denn sie besagt: Gott lässt sich ein auf unser menschliches Schicksal. Nichts Menschliches ist ihm mehr fremd. Er ist uns ganz nahe. Er teilt mit uns Not und Elend, Verfolgung und Schmerzen, ja sogar den Tod. Er hält und trägt uns, wenn auch wir ein solches Schicksal erleiden müssen. Er ist bei uns und bringt uns durch alles Schwere hindurch in sein ewiges Leben. Damit macht er auch unser irdisches Leben selbst in allen Finsternissen hell und froh.

Diese tiefe Weihnachtsfreude, die auf der Ikone mit goldenem Glanz über allen Dunkelheiten unserer Welt und unseres persönlichen Lebens erstrahlt, wünsche ich uns allen! In diesem Sinne: ein frohes, ein gesegnetes Weihnachtsfest!

Zum Schluss noch drei Weihnachtsgrüße befreundeter palästinensischer Christinnen aus Bethlehem:

Monika:
Die Lage hier in Bethlehem ist wie immer; augenblicklich „weihnachtet" es sehr! Besinnlichkeit gibt es nicht, eher eine Atmosphäre von Karneval, sehr schön bunt und mit viel Kitsch, aber uns Palästinensern gefällt es trotzdem. Inzwischen gibt es 46 Hotels in Bethlehem und alle sind ausgebucht. Das ist wie damals bei Maria und Josef.

Faten:
Leider geht in unserem Land der Konflikt weiter, da die USA im Sicherheitsrat der UNO ein Veto eingelegt haben und damit alle Stimmen bei der Verurteilung der Siedlungspolitik zunichte gemacht wurden. Das wird eine Ermunterung für Israel sein, fleißig weiter zu bauen. Es bleibt wirklich nur das Gebet.

Kadra:
Ich bin auf meinem Weg in der Geburtskirche an der Krippe gewesen und bin dort der Liebe, der Gesundheit, dem Frieden und der Freude begegnet. Sie suchten einen beständigen Ort zum Bleiben. Ich habe ihnen eure Adresse gegeben und hoffe, dass sie zu Weihnachten sicher bei euch ankommen!

Amen.

Ansprache über Matthäus 2, 1-12
gehalten am 06.01.2010 in St. Georg, Epiphanias

Liebe Gemeinde!

Wir evangelischen Christen feiern heute am 6. Januar das Epiphaniasfest, das Fest der Erscheinung des Herrn. Nur wenige können sich allerdings darunter etwas vorstellen. Eingängiger ist der Name, der in der katholischen Kirche üblich ist: Dreikönigsfest. Hier wie dort steht die biblische Geschichte von den Weisen aus dem Morgenland im Mittelpunkt.

Heute waren auch in unserer Gemeinde Sternsinger unterwegs. Das sind Kinder, die sich als heilige drei Könige verkleidet haben. Sie gehen von Haus zu Haus, singen und schreiben auf die Haustüren mit Kreide oder mit Folie den Segenswunsch: „20 * C * M * B 10". Dafür bitten sie um eine Spende für das Kindermissionswerk, das Projekte in mehr als 100 Ländern der Erde unterstützt.

Die Zahlen markieren das Jahr 2010. Die Buchstaben C, M, B könnten die Initialen der heiligen drei Könige sein: **C**aspar, **M**elchior und **B**althasar. Es sind aber auch die Anfangsbuchstaben des lateinischen Spruches: „**C**hristus **M**ansionem **B**enedicat" = Christus segne dieses Haus.

Die heiligen drei Könige haben mich als Kölner schon als Kind fasziniert. Ihre goldenen Särge sind im Kölner Dom prunkvoll aufgebahrt. Das Kölner Stadtwappen schmücken oben ihre drei goldenen Kronen. Und Bethlehem ist seit 1996 Partnerstadt von Köln. Versuchen wir am heutigen Epiphaniasfest den heiligen drei Königen etwas näher zu kommen.

Schauen wir zunächst einmal in die Bibel. Im Matthäusevangelium Kapitel 2 heißt es:

Als Jesus geboren war in Bethlehem in Judäa zur Zeit des Königs Herodes, siehe, da kamen Weise aus dem Morgenland nach Jerusalem und sprachen: „Wo ist der neugeborene König der Juden? Wir haben seinen Stern gesehen im Morgenland und sind gekommen ihn anzubeten."
Als das der König Herodes hörte, erschrak er und mit ihm ganz Jerusalem, und er ließ zusammenkommen alle Hohenpriester und Schriftgelehrten des Volkes und erforschte von ihnen, wo der Christus geboren werden sollte. Und sie sagten ihm: „In Bethlehem in Judäa; denn so steht geschrieben durch den Propheten: ‚Und du Bethlehem, im jüdischen Lande, bist keineswegs die kleinste unter den Städten in Juda; denn aus dir wird kommen der Fürst, der mein Volk Israel weiden soll.'"
Da rief Herodes die Weisen heimlich zu sich und erkundete genau von ihnen, wann der Stern erschienen wäre, und schickte sie nach Bethlehem und sprach: „Zieht hin und forscht fleißig nach dem Kindlein, und wenn ihr's findet, so sagt mir's wieder, dass auch ich komme und es anbete."
Als sie nun den König gehört hatten, zogen sie hin. Und siehe, der Stern, den sie im Morgenland gesehen hatten, ging vor ihnen her, bis er über dem Ort stand, wo das Kindlein war.
Als sie den Stern sahen, wurden sie hoch erfreut und gingen in das Haus und fanden das Kindlein mit Maria, seiner Mutter, und fielen nieder und beteten es an und taten ihre Schätze auf und schenkten ihm Gold, Weihrauch und Myrrhe.

Und Gott befahl ihnen im Traum, nicht wieder zu Herodes zurückzukehren; und sie zogen auf einem andern Weg wieder in ihr Land.
Liebe Gemeinde!

Wir wünschten uns, Matthäus hätte in seinem Evangelium Genaueres über die Weisen aus dem Morgenland erzählt. Wo kamen sie her, aus welchem Land? Was waren sie eigentlich von Beruf? Weise oder „Magier" wie sie im griechischen Urtext genannt werden oder Astrologen, also Sternenkundler oder Könige? Wie viele waren es wirklich? Die Dreizahl ergibt sich nur aus den drei Geschenken, die sie mitbrachten. Und was waren das für Geschenke, wo stammten sie her? Das sind für uns durchaus interessante Fragen, die wir gern beantwortet hätten. Aber für Matthäus waren sie wohl nicht besonders wichtig.

Wie schon gesagt: Seit meiner Kindheit haben mich die heiligen drei Könige fasziniert und beschäftigt. Im Laufe meines Lebens hatte ich die Möglichkeit, bei verschiedenen Reisen einigen ihrer Geheimnissen ein wenig näher zu kommen. Lüften konnte ich sie natürlich nicht alle.

Ich möchte Sie heute gedanklich auf eine Reise mitnehmen. Wir wollen dabei versuchen, den Spuren der heiligen drei Könige nachzugehen und werden einige Fragenkomplexe erörtern. Die wichtigsten Stationen unserer Reise führen uns nach Bethlehem, nach Petra in Jordanien und in den Oman und natürlich auch nach Köln.

I. Starten wir unsere Reise zu unserer ersten Station **Bethlehem**. Vielleicht erfahren wir hier etwas über die Weisen aus dem Morgenland, wo sie herkamen und ob sie wirklich Könige waren. Nach vier Stunden Flugzeit von Hamburg über die Alpen und das Mittelmeer landen wir auf dem Flughafen Ben Gurion in Tel Aviv in Israel. Von dort geht es nach strengen Personen- und Gepäckkontrollen mit dem Bus gut eine Stunde in östlicher Richtung „hinauf" nach Jerusalem, ein Höhenunterschied von mehr als 700 Metern!

Von dort fahren wir gleich weiter Richtung Süden. Nach ein paar Kilometern sehen wir die cirka zehn Meter hohe Trennmauer zwischen Israel und Palästina. Bald erreichen wir einen stark bewachten Grenzübergang. Israelische Soldaten - martialisch mit Maschinengewehren bewaffnet - kontrollieren unsere Pässe. Als Deutsche dürfen wir ohne Probleme nach Palästina ausreisen.

Und schon sind wir in der palästinensischen Kleinstadt Bethlehem. Es geht weiter bergauf. Am Krippenplatz verlassen wir den Bus. Wir bücken uns, um durch die niedrige Tür in die gewaltige griechisch-orthodoxe Geburtskirche zu gelangen. Ihre baulichen Anfänge reichen - wie bei der Grabeskirche in Jerusalem - bis ins 4. Jahrhundert zurück. Vorne rechts neben dem Altar führt eine Treppe hinunter in die Geburtsgrotte. Dort markiert ein Stern im Boden den Ort, an dem Jesus geboren worden sein soll. Kerzenduft und Weihrauch erfüllen die Luft.

Haben hier in dieser Höhle die Weisen aus dem Morgenland das Jesuskind angebetet und ihm ihre Geschenke überbracht? Matthäus erzählt - anders als Lukas - nichts von einem „Stall", der, wie man in Bethlehem auf den Hirtenfeldern sieht, bestimmt eine Höhle war. Matthäus spricht lediglich von einem „Haus". Genaueres lässt sich auch in Bethlehem leider nicht ermitteln.

In dieser Geburtsbasilika gab es allerdings ein Mosaik aus dem 6. Jahrhundert. Dort werden die heiligen drei Könige mit persischen Kopfbedeckungen dargestellt. Die Kirche wurde im Gegensatz zu anderen Kirchen 614 von den Persern nicht zerstört. Man vermutet, weil die Perser auf dem Mosaik Landsleute erkannten. Führt also die Spur der heiligen drei Könige nach Persien, in den heutigen Iran? Was meint Matthäus mit „Morgenland", mit dem Land des Ostens?

Die alten christlichen Legenden sehen schon früh in den Weisen aus dem Morgenland Könige. Das geht auf Weissagungen aus dem Alten Testament zurück. In Psalm 72,10 + 11 und Jesaja 60,3 + 10 wird berichtet, dass Könige dem Messias wertvolle Geschenke darbringen werden. Während die Legenda Aurea im Mittelalter die Weisen noch als Sterndeuter und Magier bezeichnet, wie es Matthäus nahelegt, sagt Tertullian bereits Anfang des 3. Jahrhunderts, sie seien „wie Könige" aufgetreten.

Als Namen kamen in der lateinischen Tradition ab dem Anfang des 6. Jahrhunderts Caspar, Melchior und Balthasar auf. Im 4. Jahrhundert glaubte man im christlichen Abendland, die Welt bestehe aus drei Kontinenten: Europa, Asien und Afrika. Daher verbreitete sich die Anschauung, die drei Könige symbolisierten die drei Kontinente. Der Vertreter Afrikas wurde in der künstlerischen Darstellung zum Mohren. Dabei wird meist der jüngste König Caspar als Mohr gemalt.

Über die geschichtliche Herkunft der Weisen aus dem Morgenland und die Frage, ob sie wirklich Könige waren, können wir auch in Bethlehem nichts Konkretes herausfinden. Ihre Bezeichnung als Könige ist wohl eher eine theologische, eine Glaubensaussage als eine historische Auskunft. Auch mit ihrer Bezeichnung als Repräsentanten der drei Kontinente soll wohl gesagt werden: Die Herrscher aus allen Bereichen dieser Welt beten Jesus an. Er ist der König aller Könige, der König der Welt. Eine historische Aussage ist auch das natürlich nicht. Den Fragenkomplex nach Stand und Herkunft der Weisen aus dem Morgenland können wir in Bethlehem leider nicht abschließend klären.

II. Größere Erfolgsaussichten haben wir bei dem Fragenkomplex rund um die Geschenke, die die Weisen mitgebracht haben: Gold, Weihrauch und Myrrhe. Diese wertvollen Geschenke haben einen tiefen, theologischen Sinn. Sie sagen etwas aus über die Bedeutung des Jesuskindes:

Gold ist das angemessene Geschenk für den neugeborenen König. Myrrhe, eine Heilpflanze, mit der Arznei zubereitet wurde, ist das angemessene Geschenk für den von Gott gesandten Arzt und Heiland. Und Weihrauch, ein Baumharz, das bei den Opfern im Tempel benutzt wurde, weist als Geschenk auf den zukünftigen Hohenpriester Israels hin, der das Verhältnis der Menschen zu Gott in Ordnung bringen und sich selbst als Opfer zur Verfügung stellen sollte.

Mich hat schon als Kind die Frage beschäftigt: Was ist eigentlich Weihrauch und wo kommt er her? In den katholischen Kirchen wird er bei den Messfeiern in einem Gefäß verbrannt und hin und her geschwenkt. Er verbreitet einen eigenartigen, intensiven, aromatischen und wie ich schon als Kind empfand einen geheimnisvollen Geruch.

Unsere Reise geht bei der Spurensuche nach dem Weihrauch weiter nach **Petra** und in den **Oman**. Von Bethlehem können wir mit dem Bus zur südlichsten Spitze Israels, nach Eilat am Roten Meer fahren. Dort überqueren wir zu Fuß die Grenze nach Jordanien und gelangen nach Akaba. Petra erreichen wir von da mit einem jordanischen Bus in Richtung Norden. Es liegt rund 100 Kilometer östlich des Südzipfels des Toten Meeres inmitten einer unendlichen Gebirgswüste an der vermuteten Mosequelle, die er auf der Wüstenwanderung der Israeliten aus dem Felsen geschlagen hatte (4.Mose 20). Petra gehört heute zu den sieben, von einer Stiftung vor kurzem über eine internationale Internetumfrage ermittelten neuen Weltwundern. Und das meines Erachtens völlig zu Recht!

Wir verlassen den Bus. Es geht nur zu Fuß weiter. Folgen Sie mir bitte und Sie werden ein echtes Weltwunder erleben! In einem alten Reisebericht wird erzählt: „Wie eine natürliche Schutzburg ragt das verwitterte Sandsteinmassiv aus der Ebene mit seinen bizarren Felsinseln. Bis zu 300 Metern türmen sich die unwegsamen Gipfel. Wer hier zuhause war, war vor Feinden sicher und den Göttern nahe. Zum heiligen Territorium gab es nur einen einzigen Zugang: den Siq: die Schlucht der Prüfung. Fast 100 Meter steigen die Felswände rechts und links senkrecht in die Höhe. Als ob die Berge über dem Eindringling zusammenwüchsen. Der Weg ist an manchen Stellen nur drei, vier Meter breit. Beklommenheit und Staunen überkommt den, der allein den über 1.200 Meter langen Felstunnel durchquert.

Durch einen schmalen Spalt, als ob der Siq nicht auf einmal das ganze Wunderwerk freigeben möchte, taucht es plötzlich vor unseren Augen auf: das sogenannte Schatzhaus des Pharao. Ein Monolith, 40 Meter hoch – der ganze Bau in einem Stück aus dem Berg herausgeschlagen. Unglaublich! Über 600 Tempel und Grabmonumente haben die Steinmetze der Nabatäer aus den Felsen geschlagen, vor gut 2.000 Jahren! Woher der Reichtum? An den heiligen Bergen der Nabatäer, wo man auch die Grabmale der Mirjam und des Aaron, der beiden Geschwister des Mose zeigt, führte die Weihrauchstraße vorbei, der wichtigste Handelsweg nach Afrika und Europa. Und die geschäftstüchtigen Nabatäer verlangten damals Zoll und Schutzgeld von den Karawanen und legten selber Warenlager mit Luxusgütern an. So kamen die Vorfahren der heutigen jordanischen Beduinen zu großem Wohlstand und bedeutender Macht."

Ich kann es mir nicht anders vorstellen, als dass die heiligen drei Könige hier in Petra den Weihrauch bei den Nabatäern eingekauft haben, den sie dann nur wenige Tagesreisen später dem neugeborenen König in Bethlehem geschenkt haben. Myrrhe gab es in Petra ganz bestimmt auch.

Doch woher stammte der Weihrauch und was ist eigentlich Weihrauch? Dazu sind meine Frau und ich bei einer eigenen Reise in das Sultanat **Oman** geflogen. Auch dorthin nehme ich Sie gerne mit. Von Petra reisen wir mit dem Bus nach Amman, in die Hauptstadt Jordaniens. Von dort geht es mit dem Flugzeug über die arabische Halbinsel und den Persischen Golf nach Maskat, der Hauptstadt des Omans. Weiter fliegen wir ganz in den Süden des Landes, in die Küstenstadt Salalah am Indischen Ozean. Dieses Gebiet, Dhofar genannt, wird vom Monsun besonders beeinflusst und ist dadurch ganzjährig warm und feucht.

Weltweit fast nur hier in einer bestimmten Höhenlage wachsen ganz besondere Pflanzen, die Weihrauchbäume. Ritzt man ihre Rinde ein, so gewinnt man ein milchiges Harz, den Weihrauch. Man kann ihn trocknen und dann in kleinen Klumpen verbrennen. Dabei wird ein besonderer aromatischer Duft verströmt.

Im Altertum war der Weihrauch in vielen Völkern wie bei den Ägyptern oder den Römern sehr geschätzt als Räucheropfer für die Götter, für die Mumifizierung der Toten, aber auch für medizinische und hygienische Zwecke. Da er aus dem Oman mit Karawanen durch die gefährliche Große Wüste nach Petra transportiert werden musste und die Nabatäer damals eine Art Handelsmonopol besaßen, war er sehr wertvoll. Die Nabatäer waren zurzeit Jesu die unbestrittenen Herren der Weihrauchstraße und Petra der Hauptumschlagsplatz. Es gelang ihnen über viele Jahrzehnte, die Herkunft des Weihrauchs geheim zu halten. Die Römer schickten ein ganzes Heer, um den Ursprungsort des Weihrauches zu erkunden und zu erobern. Vergeblich!

Immerhin: <u>Wir</u> haben es geschafft, etwas über die Herkunft des Weihrauchs zu erfahren. Vielleicht gewinnen wir dadurch ein neues Verhältnis zu den Geschenken der heiligen drei Könige. Zumindest können wir uns vorstellen, dass Weihrauch damals genauso wertvoll war wie Gold. Über Maskat fliegen wir zurück nach Deutschland.

III. Endpunkt unserer Reise ist meine Heimatstadt **Köln**. Wir betreten den Hohen Dom zu Köln, dieses beindruckende und diese Millionenstadt prägende gotische Meisterwerk am westlichen Ufer des Rheins. Denn hier im Dom sind die Gebeine der heiligen drei Könige in goldenen Särgen prunkvoll aufgebahrt. Wie sind sie dorthin gekommen? In Köln sind die heiligen drei Könige doch weder geboren noch gestorben und wohl auch nie gewesen.

Nach Auskunft von Wikipedia verhält es sich so: Die Geschichte der Reliquien der heiligen drei Könige geht auf die heilige Helena zurück, die Mutter des Kaisers Konstantin I.. Auf ihrer Pilgerfahrt ins Heilige Land um das Jahr 326 soll sie die Gebeine der Könige gefunden und mit sich nach Rom genommen haben. Dort sind sie einige Jahre später dem Mailänder Bischof Eustorgios als Geschenk des Kaisers übergeben worden und von ihm in seinen Bischofssitz in Mailand überführt worden.

Einige Hundert Jahre später wurden sie 1158 bei der ersten Belagerung Mailands durch Kaiser Friedrich Barbarossa von ihm als Kriegsbeute beschlagnahmt und mit nach Deutschland genommen. 1164 erhielt der damalige Kölner Erzbischof Rainald von Dassel die Gebeine als Geschenk von Kaiser Barbarossa. Die Gebeine der sozusagen „ersten christlichen Könige" sollten seinem Reich eine sakrale Rechtfertigung ohne Abhängigkeit vom Papst verleihen. Am 23. Juli 1164 wurden die Reliquien dann feierlich nach Köln überführt. Dort werden sie bis heute im Hohen Dom verehrt. Dort haben sie mich seit Kindheitstagen fasziniert.

Liebe Gemeinde!

Soweit unsere Reise und unsere Spurensuche. Vielleicht wissen wir jetzt ein wenig mehr über die Weisen aus dem Morgenland oder die heiligen drei Könige. Für den Evangelisten Matthäus ist jedoch entscheidend: Sie kamen von weit her und haben als erste Heiden das Jesuskind als neugeborenen König der Welt angebetet und beschenkt. Sie waren die ersten, die seine weltweite Bedeutung erkannt haben. Ohne sie würden wir heute wahrscheinlich nicht Weihnachten feiern.

Amen.

Lassen Sie uns gemeinsam singen das Lied Nr. 8: „Es kommt ein Schiff geladen…" Es ist meines Wissens nach das einzige Lied im Evangelischen Gesangbuch, das in Köln komponiert wurde. Vielleicht geht es auf eine Schiffsprozession mit den Gebeinen der heiligen drei Könige auf dem Rhein zurück?

Predigt über Jesaja 5, 1-7
gehalten am 28.02.1988, Sonntag Reminiszere, in der Markuskirche in Oberhausen, Rheinland, zum Jahresfest des evangelischen Blasorchesters, das Pfarrer Friedrich August Aring, der Großvater von Hans Mader, im Dezember 1930 gegründet hatte.

Liebe Gemeinde!

Ich kann mich gut daran erinnern: Es muss so 1952/53 gewesen sein und gehört zu meinen frühesten Kindheitserinnerungen. Da saß ich als etwa 3- bis 4-jähriger kleiner Steppke eines Abends im Schlafanzug ganz plötzlich auf Opa Arings Schoß. Was war passiert? Ich war mit meinen Eltern zu Besuch bei den Großeltern in Oberhausen im Pfarrhaus in der Lohstraße, und wie sich das für einen kleinen Jungen gehört, war ich früh ins Bett gegangen und schnell eingeschlafen.

Da wurde ich plötzlich durch einen furchtbaren Krach aus meinen schönsten Träumen gerissen. Wie von einer Tarantel gestochen, sprang ich aus dem Bett und suchte Zuflucht bei meinem Opa auf dem Schoß. Der beruhigte mich, streichelte mir zärtlich über den Kopf und erklärte mir: „Hans, du brauchst keine Angst zu haben! Nebenan im Wichernhaus probt gerade das Blasorchester!"

Als er dann auch noch begann, mitzusingen und die Melodie auf dem Klavier mitzuspielen, die von drüben herüberdrang, da fühlte ich mich bei den Bläserklängen eines Chorals geborgen und sicher. Da bin ich dann glücklich und zufrieden auf Opa Arings Schoß eingeschlafen.

So ist das mit der Musik: sie kann erschrecken, wachrütteln; sie kann uns aber auch beruhigen, einschläfern; sie kann Freude und Traurigkeit, Schmerz und Geborgenheit, Wut und Glück zum Ausdruck bringen und diese Gefühle sowohl bei den Musikern wie auch bei den Hörern vermitteln und erzeugen. Die Musik ist eine eigene Sprache, mit der man fast alles ausdrücken kann und die von jedem verstanden wird.

Darum ist die Musik auch ein ganz wichtiges Mittel für die Kirche, um auf diese Weise den Menschen ihre Botschaft nahezubringen. Kirchenlieder, Choräle hat es schon immer gegeben. Wie könnten wir Christen besser unsere Trauer bei einer Beerdigung oder unsere Osterfreude über die Auferstehung Jesu zum Ausdruck bringen als durchs Singen? Was wäre Weihnachten ohne Weihnachtslieder? Was wäre der heutige Festgottesdienst ohne Musik oder die Markuskirchengemeinde ohne ihr Blasorchester?

Eines der ältesten religiösen Lieder überhaupt steht im Predigttext zum heutigen Sonntag. Es ist das Weinberglied des Propheten Jesaja, der es rund 750 Jahre vor Christi Geburt, also vor rund 2.750 Jahren gedichtet und seiner Gemeinde vorgetragen hat. Ob es damals gesungen wurde, also eine Melodie in unserem Sinne hatte, und ob und wenn ja von welchen Instrumenten es begleitet wurde, wissen wir nicht genau. Doch der Text ist im Alten Testament unserer Bibel erhalten geblieben.

Da Jesaja dieses Lied jedoch in hebräischer Sprache verfasst hat, ist es schwer, den Rhythmus und den Reim des Liedes ins Deutsche zu übersetzen. Ich trage ihnen den Text vor nach Luthers Übersetzung:

> *Wohlan, ich will singen von meinem Freund,*
> *ein Lied von meinem Freund und seinem Weinberg.*
>
> *Mein Freund hatte einen Weinberg auf einer fetten Höhe.*
> *Und er grub ihn um und entsteinte ihn*
> *und pflanzte darin edle Reben.*
> *Er baute auch einen Turm darin und grub eine Kelter*

und wartete darauf, dass er gute Trauben brächte;
aber er brachte schlechte.

Nun richtet, ihr Bürger zu Jerusalem und ihr Männer Judas,
zwischen mir und meinem Weinberg!
Was sollte man noch mehr tun an meinem Weinberg,
das ich nicht getan habe an ihm?
Warum hat er denn schlechte Trauben gebracht,
während ich darauf wartete, dass er gute Trauben brächte?

Wohlan, ich will euch zeigen,
was ich mit meinem Weinberg tun will!
Sein Zaun soll weggenommen werden,
dass er verwüstet werde,
und seine Mauer soll eingerissen werden,
dass er zertreten werde.
Ich will ihn wüst liegen lassen,
dass er nicht beschnitten noch gehackt werde,
sondern Disteln und Dornen darauf wachsen,
und will den Wolken gebieten,
dass sie nicht darauf regnen.

Des HERRN Zebaoths Weinberg aber ist das Haus Israel
und die Männer Judas sind seine Pflanzung,
an der sein Herz hing.
Er wartete auf Rechtsspruch,
aber siehe, da war Rechtsbruch;
er wartete auf Gerechtigkeit,
aber siehe, da war Geschrei über Schlechtigkeit.

Liebe Gemeinde!

Dieses Weinberglied ist ein ganz raffiniertes Lied, das der Prophet Jesaja da anstimmt. Zunächst beginnt es wie ein <u>Liebeslied</u>. Denn im Hebräischen wurde das Wort für Weinberg auch für eine schöne Frau, eine Braut gebraucht. So wie wir im Deutschen manchmal von einem schlauen Fuchs sprechen und damit einen gerissenen Menschen meinen, so steht der Weinberg im Alten Testament und in unserem Lied für eine schöne Frau.

Der Freund des Propheten hat einen Weinberg, also eine Braut. Von seinem Umgang mit ihr handelt die <u>1. Strophe</u> unseres Liedes: Er hat sie sehr geliebt. Er hat alles für sie getan. Er hat sie gehegt und gepflegt. Er hat sie ausgestattet mit allem, wovon eine Frau nur träumen kann: mit wertvollem Schmuck und Aufmerksamkeiten aller Art. Er hat sie beschützt vor allen Gefahren, die sie bedrohen könnten. Einen besseren Liebhaber konnte diese Frau nicht haben!

Das Liebeslied spricht dabei verklausuliert vom Weinberg. Es will damit die Phantasie von uns Hörern anregen. Wir sollen uns diese Frau vorstellen, sie uns ausmalen: Wie ein Weinberg auf fetter Bergeshöhe sieht sie aus, bepflanzt mit edlen Reben, in ihrer Mitte ein Turm – eine wunderschöne, starke, stolze Frau muss sie gewesen sein!

Doch diese Frau hat die Liebe ihres Liebhabers nicht erwidert. Sie hat sich zwar alle seine Wohltaten gern gefallen lassen. Doch als der Mann dafür auch gute, süße Früchte von ihr erwartet, bekommt er nur herbe, saure, bittere, ungenießbare, abstoßende Worte zu hören. Von Dankbarkeit, von Gegenliebe keine Spur! <u>Ein Liebeslied voll Liebesleid.</u>

In der <u>2. Strophe</u> tritt nun der enttäuschte Liebhaber selbst auf. Er macht uns, die Hörer, zu Richtern im Rechtsstreit zwischen ihm und seinem Weinberg, im Scheidungsprozess zwischen ihm und seiner Braut. Das Liebeslied wird zu einem <u>Anklagegesang</u>. Der enttäuschte Liebhaber hält ein flammendes Plädoyer im Verfahren gegen seine Frau. Und wir – als Richter – können gar nicht anders, als diese Frau verurteilen wegen ihrer unglaublichen Undankbarkeit! Die Sache ist klar, der Fall liegt eindeutig auf der Hand: diese Frau ist schuldig! Was man von ihr erwarten konnte, ja erwarten musste, hat sie nicht getan!

Die <u>3. Strophe</u> des Liedes wird zu einer <u>Urteilsverkündung</u>: Der Liebhaber selbst verkündet die Strafe: Er will sich von seiner Geliebten trennen. Er will nichts mehr für sie tun. Er will sie nicht mehr beschützen. Er will sie nicht mehr davor bewahren, abzurutschen und zu verwahrlosen. Er will nicht mehr für ihren Unterhalt aufkommen. Soll sie doch sehen, wie sie ohne ihn zurechtkommt, wie sie ohne seine Hilfe, ohne seine Pflege, ohne seine Zärtlichkeit, ohne seinen Schutz ihr Leben bestehen kann!

Und jeder weiß: Das kann nicht gut gehen. Der Weinberg wird abgeweidet und zertreten. Dornen und Disteln werden ihn ersticken. Er wird verkommen. Nichts wird von dem einstmals so prächtigen Weinberg übrigbleiben. Die Zukunft dieser Frau sieht düster aus! Doch so hoffnungslos ihr Schicksal auch ist, eins steht fest: sie selbst und nur sie allein trägt die Schuld daran!

Das ursprüngliche Liebeslied ist zu einer <u>tragischen Arie</u> geworden, ja es geht fast schon in einen <u>Totengesang</u> über.

Und noch kommt ja erst die <u>4. und letzte Strophe</u>. Sie will uns Hörer regelrecht schockieren! Denn der Prophet enthüllt in ihr seine tiefsten Absichten. Mit einem Liebeslied wollte er uns erst einmal gefangen nehmen, in einer Ehetragödie ließ er uns eindeutig Partei ergreifen und ein Urteil fällen gegen diese undankbare Frau. Er brachte uns dazu zu sagen: Es geschieht ihr recht, sie hat es nicht anders verdient, dass sie von ihrem Liebhaber verlassen wird und einem schlimmen Schicksal entgegensehen muss.

Doch nun kommt's: Der Prophet hält uns den Spiegel vor: Diese undankbare Frau seid ihr! Ihr Hörer dieses Liedes damals in Israel, aber auch ihr, die ihr hier und heute in der Markuskirche versammelt seid! Und dieser enttäuschte Liebhaber – das ist Gott, unser Gott!

Das Liebeslied, das sich in eine tragische Arie verwandelt hatte, wird zu einem <u>Schocker</u>! Der Prophet, der uns selbst ein Urteil hat fällen lassen, wendet das nun gegen uns: Ihr seid die undankbare Frau, Gott ist der enttäuschte Liebhaber. Was ihr zu erwarten habt, ist doch wohl klar. Jesaja ist ein Unheilsprophet. Er klagt uns an: Was hat Gott nicht alles in seiner großen Liebe für euch getan? Habt ihr euch seine Wohltaten nicht gerne gefallen lassen? Doch wo bleibt eure Dankbarkeit, wo eure Gegenliebe?

Dass Gott diese Welt für uns geschaffen hat und uns zur Verfügung stellt – wie haben wir es ihm gedankt? Wir beuten die Schöpfung aus bis sie zusammenbricht.

Dass Gott die Schöpfung so großartig geordnet hat mit Tag und Nacht, mit Sommer und Winter, mit Lebenskreisläufen, die wir heute gerade erst zu entdecken und zu durchschauen beginnen – wie haben wir es ihm gedankt? Wir verdrängen Gott als Schöpfer und maßen uns selbst seine Rolle an bis uns endgültig durch Atomkatastrophen oder Genmanipulationen alles durcheinander und außer Kontrolle gerät.

Dass Gott durch seine Gebote ein friedliches, sinnvolles Zusammenleben für uns Menschen ermöglicht hat – wie haben wir es ihm gedankt? Wir nehmen die Gebote nur dann ernst, wenn uns das Vorteile bringt. Ob als Politiker oder auch als kleiner Steuerhinterzieher, als Schwarzfahrer oder Ehebrecher sind wir nur allzu schnell bereit, sie zu vergessen und zu übertreten.

Dass Gott uns unser Leben geschenkt hat und wir uns heute Morgen gesund hier im Gottesdienst versammeln können – wie haben wir es ihm gedankt? Wir nehmen unser Leben, unsere Gesundheit, unser tägliches Brot, den Frieden in unserem Land als Selbstverständlichkeiten hin und machen Gott noch Vorwürfe, wenn es einmal anders kommt.

Hat Gott nicht in der Tat allen Grund, zutiefst enttäuscht zu sein über uns wie der enttäuschte Liebhaber in unserem Prophetenlied? Haben wir etwas anderes verdient, als dass Gott sich von uns abwendet, seine schützende Hand von uns nimmt und uns selbst unserem Schicksal überlässt?

Das Weinberglied des Propheten Jesaja hat es in der Tat in sich. Es ist wirklich ein raffiniertes Lied: erst schmeichelt es unseren Ohren wie ein Liebeslied, doch dann schockiert es uns und stellt uns selbst in Frage. Wie ich eingangs sagte: Musik kann uns erfreuen, berauschen, beruhigen, entspannen, sie kann uns aber auch aufwühlen und uns aus dem Schlaf unserer Sicherheit herausreißen.

Doch nun ist dieses Weinberglied des Propheten Jesaja nicht das letzte Wort Gottes an uns Menschen geblieben. Jesus hat dieses Weinberglied aufgenommen und in einem Gleichnis verarbeitet, in seinem Gleichnis von den bösen Weingärtnern (Markus 12,1-12). Das haben wir eben als Evangelium dieses Sonntags gehört: Der Weinbergbesitzer – Gott – hat diesmal seinen Weinberg – unsere gute alte Erde – verpachtet und fordert nun von seinen Pächtern – von uns Menschen also – den vereinbarten Pachtzins. Doch die Pächter sind nicht zur Zahlung bereit. Sie jagen die Knechte Gottes fort und vergreifen sich schließlich sogar an seinem Sohn und töten ihn.

Jesus will damit auf sein eigenes Schicksal hinweisen: Er ist als Sohn Gottes in diese Welt gekommen, um uns Menschen Gottes Liebe ganz nahe zu bringen. Doch statt Glauben, Freude und Nachfolge erntet er Leiden, Folter und Tod.

Wir befinden uns vom Kirchenjahr her wieder in der Passionszeit, in der wir an das Leiden und Sterben Jesu und seine Bedeutung für uns denken. So unbegreiflich es auch sein mag, dass Menschen Jesus ans Kreuz genagelt haben, so hat dieses Kreuz für Gott doch einen tiefen Sinn. Das Kreuz ist das Zeichen dafür, dass Gott uns Menschen trotz all unserer Undankbarkeit doch nicht aufgibt, seine schützende Hand doch nicht von uns abzieht, auch wenn wir es verdient hätten. Seine Liebe zu uns Menschen ist stärker als seine Enttäuschung über uns.

Im Prophetenbuch des Jesaja finden wir dazu noch ein anderes Lied, das Lied vom leidenden Gottesknecht (Jesaja 53,4+5). Es gibt uns Aufschluss über den tiefsten Sinn des Leidens und Sterbens Jesu, auch wenn es bereits rund 500 Jahre vor diesen Ereignissen als prophetische Weissagung gedichtet worden ist. Es lautet:

Fürwahr, er trug unsere Krankheit
und lud auf sich unsere Schmerzen…
Er ist um unserer Missetat willen verwundet
und um unserer Sünde willen zerschlagen.
Die Strafe liegt auf ihm,
auf dass wir Frieden hätten,
und durch seine Wunden sind wir geheilt.

So unglaublich unsere Undankbarkeit Gott gegenüber auch ist, Gottes Liebe zu uns Menschen ist noch unglaublicher, noch größer. Die Strafe, die wir verdient hätten, hat sein Sohn am Kreuz freiwillig auf sich genommen, damit wir ein neues, ungetrübtes Liebesverhältnis zu Gott beginnen können.

Das Weinberglied wie auch das Gottesknechtslied des Propheten Jesaja wollen uns heute aufrütteln und einladen, dass wir die Liebe Gottes zu uns wirklich erkennen, sie dankbar annehmen, sie im Glauben erwidern und sie auch weiterschenken an unsere Mitmenschen.

Wenn Lieder so zum Glauben anstiften können, dann hat die Kirchenmusik in der Tat nach wie vor eine entscheidende Aufgabe in unserer Kirche, dann ist mir auch um die Zukunft des evangelischen Blasorchesters hier in Oberhausen nicht bange. Denn so wie es mich als Kind einst aus dem Schlaf gerissen hat, so kann es auch heute und in Zukunft noch viele Menschen aufrütteln und mitreißen zu einem lebendigen Glauben an Gott und ihnen auch etwas von der Geborgenheit in der Liebe Gottes vermitteln. Dazu bitten wir Gott um seinen Segen.

Amen.

Predigt über Johannes 19, 16-30
gehalten am 05.04.1985 in St. Georg, Karfreitag

Gnade sei mit uns und Frieden von Gott unserem Vater und unserem Herrn Jesus Christus. Amen.

Der Predigttext des heutigen Karfreitags steht im 19. Kapitel des Johannesevangeliums in den Versen 16 – 30. Wir haben ihn eben bereits als Evangelium gehört.

Die letzten Worte Jesu am Kreuz lauteten: *„Es ist vollbracht!" und er neigte das Haupt und verschied.*

Liebe Gemeinde!

Was ist vollbracht? Äußerlich treibt alles in die Katastrophe. Jesus geht hinaus zur Hinrichtungsstätte. Der trägt selbst sein Kreuz. Er geht toteinsam seinen Weg vom Palast des Pilatus bis zur Schädelstätte. Wo sind da diejenigen, die ihm vor kurzem begeistert zugejubelt haben: „Hosianna! Gelobt sei, der da kommt in dem Namen des Herrn, der König von Israel!" (Jh.12,13)? Wo sind seine Jünger, die doch mehrere Jahre lang Tag und Nacht mit Jesus zusammen waren, die alles verlassen hatten, nur um ihm nachzufolgen? Von denen einer, Petrus, noch am Tag zuvor getönt hatte: „Und wenn ich mit dir sterben müsste, ich werde dich nie verlassen!" Nur einer von ihnen wird im Kreuzigungsbericht erwähnt: der Jünger, den er lieb hatte, wohl Johannes. Die Jüngerinnen scheinen da mutiger gewesen zu sein. Drei Frauen werden erwähnt, darunter die Mutter Jesu, die mit Johannes unter dem Kreuz steht. Sind nicht noch heute Frauen oft mutiger, wenn es darum geht, mit Leidenden zu fühlen, sich von innerer oder äußerer Not berühren zu lassen und Sterbenden beizustehen?

Jesus wird zwischen zwei Verbrechern ans Kreuz gehängt. Man behandelt ihn wie einen Verbrecher und sieht in ihm auch einen Verbrecher. Denn der Vorwurf, er nenne sich „König der Juden" war für die römische Besatzungsmacht in Israel und ihren Statthalter Pontius Pilatus gleichbedeutend mit Hochverrat, Aufstand, Revolution. Wie es damals üblich war, wird der Schuldspruch auf einer Tafel oben am Kreuz befestigt: „Jesus von Nazareth, König der Juden!" zur Abschreckung für alle, die es vielleicht sonst noch wagen könnten ohne Zustimmung des römischen Kaisers sich zum König zu erheben und damit die römische Oberhoheit in Frage zu stellen. Ironie des Schicksals ist es, dass ausgerechnet die Hohenpriester dagegen protestieren. Ihr eigentlicher Vorwurf gegen Jesus - Gotteslästerung - war für die ungläubigen Römer kein Verbrechen, schon gar kein todeswürdiges. Und bei den Römern lag ja die letzte Entscheidung. Jetzt möchten die Hohenpriester verhindern, dass Jesus in aller Öffentlichkeit als „König der Juden" bezeichnet wird. Doch Pilatus bleibt bei seinem Spruch und spricht damit wider Willen eine tiefe Wahrheit aus.

Die römischen Soldaten, die die Kreuzigung durchgeführt haben, nehmen Jesu Kleider und teilen sie unter sich auf, wie es schon im 22. Psalm (Vers 19) vorhergesagt worden war. Den Henkern gehört der Besitz desjenigen, den sie töten.

Und Jesus bemüht sich selbst in seiner letzten Stunde noch um diejenigen, für die er sich verantwortlich weiß: Johannes und seine Mutter weist er aneinander. Jesus bringt hier eine ehemals jüdische Frau und einen ehemaligen Heiden, der von Hause aus kein Jude war, zusammen. So sollte sich später auch seine Kirche entwickeln: als Gemeinschaft von Judenchristen und Heidenchristen, als Gemeinschaft von allen Menschen dieser Erde, die auf Gott vertrauen und in Jesus Christus seinen Sohn und Messias sehen.

Danach, damit in Erfüllung geht, was im Alten Testament vorhergesagt wird, spricht Jesus: „Mich dürstet!" Der Essig, der ihm gereicht wird, ist wohl keine zusätzliche Folterqual, sondern mit Wasser vermischt ein Erfrischungsgetränk, das damals Bauern und Handwerker nach der Arbeit tranken. Vielleicht ist es aber auch mit anderen Substanzen vermischt ein Betäubungsmittel zur Linderung der unsäglichen Schmerzen am Kreuz.

Und dann spricht Jesus: „Es ist vollbracht!" neigt sein Haupt und stirbt. Jesus hat die Todesqualen durchgestanden bis zum letzten Atemzug. Das ihm von Gott auferlegte Schicksal ist vollbracht. Dieses „Es ist vollbracht!" macht ja deutlich, dass Jesus bewusst diesen Weg gegangen ist, dass er der eigentlich Handelnde ist, auch wenn die anderen ihn misshandeln. Er trägt sein Kreuz selbst; noch am Kreuz sorgt er für seine Mutter und seinen Jünger; im Sterben erfüllt er, was die Propheten und Psalmbeter über den leidenden Gottesknecht geweissagt haben. So können seine letzten Worte sein: „Es ist vollbracht!"

Doch noch etwas anderes ist vollbracht. Der Evangelist Johannes hat als einziger die Kreuzigung Jesu dargestellt als Persiflage einer Königskrönung. Jesus trägt die Dornenkrone. Sein Gang hinauf nach Golgatha ist wie eine Thronbesteigung. Pilatus gibt ihm den ihm wirklich gebührenden Titel „König der Juden". An der Stelle, wo Könige nach ihrer Krönung mit besonderen Gewändern bekleidet werden als Symbol für ihre gerade angetretene Macht und Würde, wird Jesus entkleidet. Und dem Wein, der dem König nach seiner Krönung gereicht wird, entspricht der Essig, den Jesus trinkt, bevor er stirbt. Was in den Augen der Menschen aussieht wie das endgültige Scheitern Jesu, ist in Wirklichkeit seine Thronbesteigung, seine Königskrönung, die Erfüllung seines ihm von Gott aufgetragenen Weges. Das alles ist mit seinem Tod am Kreuz vollbracht.

Doch warum hat Gott ihn diesen schrecklichen Weg gehen lassen? Was ist vollbracht durch diesen Tod am Kreuz? Gott nimmt die Schuld, die Sünde der Menschen todernst. Sie kann ihm nicht gleichgültig sein. Doch liebt er ja diese Menschen, obwohl sie immer wieder seine hilfreichen, Leben ermöglichenden Gebote übertreten. So ist es Jesus, der, selbst ohne Sünde, stellvertretend für unsere Schuld die Strafe auf sich nimmt, um uns Vergebung und ein neues Leben mit Gott zu ermöglichen.

Vor ein paar Jahren stand am Gründonnerstag folgende Todesanzeige in den Zeitungen:

> Nach qualvollem Leiden starb am Karfreitag in Jerusalem
>
> **Jesus Christus**
>
> am Kreuz.
>
> „Er trug unsere Krankheit und lud auf sich unsere Schmerzen.
> Er ist um unserer Missetat willen verwundet
> und um unserer Sünde willen zerschlagen.
> Die Strafe liegt auf ihm, auf dass wir Frieden hätten,
> und durch seine Wunden sind wir geheilt." (Jesaja 53,4+5)
>
> Am Sterbetag Jesu wird ihnen in allen Kirchen der lebendige Christus gepredigt!
>
> Ihre Kirchengemeinde

Wie einem Sündenbock, wie einem Opferlamm, so wird Jesus gleichsam die schwere Schuld aufgeladen, er wird in die Wüste geschickt, ja er wird geschachtet, um die Schuld zu sühnen.

Wenn wir beim Abendmahl Brot und Wein zu uns nehmen, gewinnen wir Anteil an dieser Sündenvergebung. Denn Jesus sagt: „So wie ich dieses Brot breche, so wird am Kreuz mein Körper zerbrochen werden. Und so wie ich den Wein in den Kelch gieße, so wird am Kreuz mein Blut vergossen werden zur Vergebung der Sünden." Auch das ist seit Karfreitag vollbracht. Dafür hat Jesus diesen furchtbaren Weg ans Kreuz auf sich genommen.

Und noch ein letztes ist vollbracht. Jesus ist diesen Weg des Leidens und Sterbens gegangen, damit es kein menschliches Leid, kein noch so schlimmes Schicksal geben kann, das er nicht auch getragen und auf sich genommen hätte. Um allen leidenden und sterbenden Menschen ganz nahe zu sein, hat er sein Kreuz freiwillig auf sich genommen. Gott verbannt nicht Leid und Tod aus dieser Welt, wie wir es uns oft wünschen, sondern er nimmt selbst Leiden und Tod auf sich, um beides von innen her aufzubrechen und zu überwinden. Durch Jesu Kreuz ist uns der Weg gebahnt zu einem neuen, unbegrenzten Leben bei Gott. Sünde und Tod haben ihre letzte Macht verloren, neues Leben wird uns geschenkt.

So kann Jesus wirklich mit Recht am Kreuz, dem Zeichen der schlimmsten Katastrophe, wie ein König als Sieger über Sünde und Tod allem Augenschein zum Trotz als seine letzten Worte sprechen: „Es ist vollbracht!"

Gott sei Dank!

Amen.

Predigt über 4. Mose 11,11-12.14-17.24-25
gehalten am 03. Juni 2001 in St. Georg, Pfingsten

Gnade sei mit uns und Frieden von Gott unserem Vater und unserem Herrn Jesus Christus. Amen

Der Predigttext zum heutigen Pfingstfest steht im 4. Mosebuch im 11. Kapitel:
Mose sprach zu dem HERRN: „Warum bekümmerst du deinen Knecht? Und warum finde ich keine Gnade vor deinen Augen, dass du die Last dieses ganzen Volkes auf mich legst? Hab ich denn all das Volk empfangen oder geboren, dass du zu mir sagen könntest: Trag es in deinen Armen, wie eine Amme ein Kind trägt, in das Land, das du ihren Vätern zugeschworen hast? Ich vermag all das Volk nicht allein zu tragen, denn es ist mir zu schwer. Willst du aber doch so mit mir tun, so töte mich lieber wenn anders ich Gnade vor deinen Augen gefunden habe, damit ich nicht mein Unglück sehen muss."
Und der HERR sprach zu Mose: „Sammle mir siebzig Männer unter den Ältesten Israels, von denen du weißt, dass sie Älteste im Volk und seine

Amtleute sind, und bringe sie vor die Stiftshütte und stelle sie dort vor dich, so will ich herniederkommen und dort mit dir reden und von deinem Geist, der auf dir ist, nehmen und auf sie legen, damit sie mit dir die Last des Volkes tragen, und du nicht allein tragen musst."
Und Mose ging heraus und sagte dem Volk die Worte des HERRN und versammelte siebzig Männer aus den Ältesten des Volkes und stellte sie rings um die Stiftshütte. Da kam der HERR hernieder in der Wolke und redete mit ihm und nahm von dem Geist, der auf ihm war, und legte ihn auf die siebzig Ältesten. Und als der Geist auf ihnen ruhte, gerieten sie in Verzückung wie Propheten und hörten nicht auf.

Liebe Gemeinde!

„Es ist mir zu schwer, Gott, was Du mir aufbürdest." So stöhnt Mose unter der Last seiner Aufgabe, das Volk Israel aus Ägypten ins gelobte Land zu führen. Statt sich über die Befreiung aus der Sklaverei zu freuen, murrt das Volk. Es ist unzufrieden. Sogar das Manna, die himmlische Speise auf der Wüstenwanderung, schmeckt ihm nicht mehr. Das Volk sehnt sich zurück an die Fleischtöpfe in Ägypten. Der ungewisse Weg zum verheißenen Ziel ist ihm zu mühsam. Und auf Mose wird der ganze Ärger abgewälzt. Ihm wird die Schuld gegeben für alle Beschwerlichkeiten und Lasten. Mose ist am Ende seiner Kräfte. Er kann nicht mehr. Er stöhnt: „Es ist mir zu schwer, Gott, was du mir da aufbürdest."

„Es ist mir zu schwer, Gott, was Du mir aufbürdest." So stöhnt auch mancher von uns - vielleicht unter der Last des Alltags oder unter der Last der Einsamkeit oder unter der Last einer Krankheit oder unter der Last eines tragischen Verlustes, wie ihn eine Familie aus unserer Gemeinde in diesen Tagen besonders schwer zu tragen hat. Auch uns wird vieles zugemutet. Auch für uns gibt es Tage, an denen wir nicht mehr weiter können, an denen wir am Ende unserer Kraft angelangt sind, an denen wir wie Mose fragen: „Warum? Warum, Gott, finde ich keine Gnade vor deinen Augen, dass du diese Last auf mich legst?"

Mose zweifelt dabei nicht an Gott. Im Gegenteil: er wendet sich mit seiner Klage direkt an Gott. Er legt ihm seine Verzweiflung, seine Mutlosigkeit dar. Er frisst das nicht in sich hinein. Er beschwert sich nicht bei anderen über diesen ungerechten Gott, der so etwas zulässt oder gar ihm dieses untragbar Schwere abverlangt. Er sagt auch nicht: „Wenn das so ist, dann kann es gar keinen Gott geben." Nein. Mose stellt Gott selbst zur Rede: „Warum finde ich keine Gnade vor deinen Augen, dass du diese Last auf mich legst?" so klagt er Gott sein Leid.

Das mag auch uns ermutigen, alles, was uns belastet, vor Gott zu bringen. Auch wenn wir Gott nicht verstehen, wenn wir unser Schicksal nicht begreifen können, dürfen und sollen wir das Gott vorhalten. Selbst Jesus hat ja am Kreuz geschrien: „Mein Gott, mein Gott, warum hast du mich verlassen?" „Mein Gott" hat er gebetet und sich an seinen Gott gewandt. Auch unsere Gottverlassenheit dürfen wir Gott vorhalten.

Mose erhält Antwort von Gott. Gott hört ihn in seiner Verzweiflung und spricht zu ihm. Gott nimmt jedoch nicht die Last der untragbar schweren Aufgabe einfach von seinen Schultern. Er entbindet ihn nicht von seinen Pflichten. Er sagt nicht: „Ich werde mir einen anderen Führer für mein Volk aussuchen. Du darfst dich ausruhen." Er sagt auch nicht: „Ich werde das Murren des Volkes zum Schweigen bringen, damit du Ruhe hast." Nein, diese Bürden nimmt Gott dem Mose nicht ab. Aber er stellt ihm andere Menschen an die Seite, die die Last mit tragen sollen. 70 Männer unter den Ältesten Israels soll Mose aussuchen, damit sie – so sagt Gott: „mit dir die Last des Volkes tragen und du nicht allein tragen musst." Mose wird nicht allein gelassen mit seiner schweren Aufgabe. Ihm werden hilfreiche Menschen an die Seite gestellt. Vielleicht werden schon hier die Anfänge einer Gemeinde, einer Kirche mit ihren Ämtern und Aufgaben angedeutet.

Auch wir dürfen darauf vertrauen, dass Gott unsere Klagen hört, dass er uns antwortet in unserer Niedergeschlagenheit. Er tut das jedoch nicht, indem er einfach alles Schwere von uns nimmt. Sondern er stellt uns Menschen an die Seite, die uns tragen helfen, die uns beistehen, die uns nicht allein lassen.

Und er stellt uns seinen Sohn Jesus Christus an die Seite. Wir dürfen wissen: Jesus trägt uns mitsamt unseren Lasten. So wie er selbst sein Kreuz getragen hat, so trägt er auch uns mit unseren Kreuzen, mit allem, was uns belastet, bedrückt und quält. Er gibt uns Kraft und Mut, unser Leben zu bestehen und das Ziel unseres Weges zu erreichen: unseren Vater im Himmel.

Mose vertraute damals den Worten Gottes. So fand er Menschen, die ihm beistanden. Und Gott gab diesen Menschen Kraft und Segen für ihr Tun. In unserem Predigttext wird ganz anschaulich beschrieben, wie Gott seinen Geist, der auf Mose ruhte, auch auf seine Helfer übertrug.

Darum geht es ja heute zu Pfingsten, dass Gott die Jünger Jesu mit seinem Heiligen Geist erfüllte. Dass er ihnen Mut und Kraft gab, das Wort Gottes allen Menschen zu verkünden. Dass er sie befähigte, anderen beizustehen und sie zu unterstützen. Wir haben die Geschichte von der Ausgießung des Heiligen Geistes auf die Jünger zu Pfingsten nach der Himmelfahrt Jesu in Jerusalem ja eben als Lesung gehört. „Veni creator spiritus!" „Komm Schöpfer, Heiliger Geist!" So beten seitdem die Christen in jedem Jahr um Gottes Beistand. Und auch wir haben das heute mit unseren Liedern und Gebeten bereits getan.

Nach der Bibel hat der Heilige Geist verschiedene Gaben und Aufgaben. Schon am Anfang der Schöpfungsgeschichte wird berichtet: „Der Geist Gottes schwebte auf dem Wasser". Dann blies Gott dem Adam „den Geist des Lebens in die Nase, so dass der Mensch ein lebendiges Wesen wurde." So heißt es am Anfang des 1. Mosebuches. Deshalb wird der Heilige Geist auch der Schöpfer genannt, der Leben schenkt. Auch uns kann und will er neues Leben schenken, wenn wir am Ende sind und nicht mehr weiter wissen. Deshalb dürfen wir gerade auch dann bitten: „Komm Schöpfer, Heiliger Geist!"

Immer wieder wird der Heilige Geist auch der Tröster genannt. Denn Jesus hat in seinen Abschiedsreden seinen Jüngern diesen Geist verheißen. Er sollte ihnen nach der Himmelfahrt Christi deutlich machen: ihr seid nicht allein. So will der Heilige Geist auch uns die Wahrheit der Verheißung Jesu erfahren lassen, die er auch uns bei unserer Taufe zusagte: „Siehe, ich bin bei euch alle Tage bis an das Ende der Welt." Wenn der Heilige Geist zu uns kommt, wenn auch wir von ihm erfüllt werden, dann sind wir ganz gewiss: Jesus ist bei uns. Er hält und trägt uns auch in den finstersten Tälern unseres Lebens. Deshalb dürfen wir gerade auch dann bitten: „Komm Tröster, Heiliger Geist!"

Damals zu Pfingsten in Jerusalem gab der Heilige Geist den Jüngern die Fähigkeit, in fremden Zungen zu reden, sich allen Menschen verständlich zu machen. Der Heilige Geist führte viele Zuhörer zum Glauben. Sie ließen sich taufen und bildeten die erste christliche Gemeinde, die sogenannte Urgemeinde in Jerusalem. Darum wird Pfingsten auch der Geburtstag der Kirche genannt. Darum beten wir im dritten Artikel unseres Glaubensbekenntnisses: „Ich glaube an den Heiligen Geist, die heilige christliche Kirche, die Gemeinschaft der Heiligen." Der Heilige Geist schafft bei uns Glauben und Gemeinschaft.

Martin Luther hat das in seinem „Kleinen Katechismus" so erklärt: „Ich glaube, dass ich nicht aus eigener Vernunft noch Kraft an Jesus Christus, meinen Herrn, glauben oder zu ihm kommen kann; sondern der Heilige Geist hat mich durch das Evangelium berufen, mit seinen Gaben erleuchtet, im rechten Glauben geheiligt und erhalten; gleichwie er die ganze

Christenheit auf Erden beruft, sammelt, erleuchtet, heiligt und bei Jesus Christus erhält im rechten einigen Glauben."

Der Heilige Geist führt auch uns zum Glauben und in die Gemeinschaft der Christen hinein. Mose – so erzählt es unser Predigttext – wurde in die Gemeinschaft der 70 vom Geist Gottes erfüllten Männer hineingestellt. Sie standen ihm bei und trugen mit ihm die Lasten seines Amtes. So dürfen auch wir, wenn wir unter unseren Lasten stöhnen: „Es ist uns zu schwer, Gott, was du uns aufbürdest!" die Bitte anschließen: „Komm, Heiliger Geist, schenke uns Glauben und Menschen, die uns beistehen, schenke uns Trost und neues Leben."

In diesem Sinne wollen wir nun das Pfingstlied im EG Nummer 130 miteinander anstimmen „O Heilger Geist kehr bei uns ein und lass uns deine Wohnung sein, o komm, du Herzenssonne..."

Amen.

Predigt über Verse aus Johannes 1 und 3
gehalten am 24.06.2007 in St. Georg, Johannesfest

Gnade sei mit uns und Frieden von Gott unserem Vater und unserem Herrn Jesus Christus. Amen.

Der Predigttext zum heutigen Johannesfest steht im Johannes – Evangelium. Ich lese Verse aus Kapitel 1. und 3:

Johannes der Täufer lebte in der Wüste und predigte die Taufe der Buße zur Vergebung der Sünden. Viele Menschen kamen zu ihm an den Jordan und ließen sich taufen. Die Priester und Leviten aus Jerusalem kamen auch zu ihm und fragten ihn: „Wer bist du?" Und er bekannte: „Ich bin nicht der Christus. Ich bin eine Stimme eines Predigers in der Wüste. Ich taufe mit Wasser. Aber er ist bereits mitten unter euch, der wird mit dem Heiligen Geist taufen."
Am nächsten Tag sah Johannes, dass Jesus zu ihm kam und sprach zu zweien seiner Jünger: „Siehe, das ist Gottes Lamm, das der Welt Sünde trägt! Dieser ist's, von dem ich gesagt habe: Nach mir kommt ein Mann,

der vor mir gewesen ist. Dieser ist Gottes Sohn." Dies geschah in Bethanien, jenseits des Jordans, wo Johannes taufte.
Später, bevor Johannes ins Gefängnis geworfen wurde, sagte er zu seinen Jüngern: „Er muss wachsen, ich aber muss abnehmen."

Liebe Gemeinde!

Menschen suchen. Sie suchen ihre Brille, den Schlüssel, das Portemonnaie. Sie suchen Erfüllung, Anerkennung, Erfolg. Sie suchen, weil ihnen etwas verloren gegangen ist, weil sie etwas vermissen oder weil sie etwas wollen. Viele Menschen suchen nach dem tieferen Sinn ihres Lebens, sie suchen nach Gott. Damals genauso wie heute.

Damals hatten sie gehört: da gibt es einen – unten am Jordan am Rande der judäischen Wüste – der spricht vom Reich Gottes. Der predigt Umkehr, Buße. Der tauft im Jordan, dem großen Fluss in Israel. Es ist Johannes der Täufer. Viele machten sich auf aus Jerusalem und ganz Judäa, um diesen Mann zu hören. Er sammelte einen Jüngerkreis um sich. Er hatte großen Zulauf. Doch er betonte: „Nicht ich bin der Messias, der Retter, den Gott schickt. Meine Aufgabe ist es lediglich, auf ihn hinzuweisen."

In seinen Predigten benutzte Johannes der Täufer dazu ein Bild. Er verglich den kommenden Retter mit einem Lamm. Dieses Bild kannte jeder Jude der damaligen Zeit. Lämmer wurden auf dem Altar im Tempel von Jerusalem geopfert, um Gott gnädig zu stimmen, Schuld zu erlassen, Zorn zu beschwichtigen, einen Neuanfang zu ermöglichen. Johannes wies seine Jünger auf Jesus und sagte: „Siehe, das ist Gottes Lamm, das der Welt Sünde trägt." Da kommt einer im Auftrag Gottes, um wegzunehmen, was die Menschen belastet. Wer von denen, die zuhörten, war nicht schon einmal im Tempel gewesen, um zu opfern? Wer von ihnen hatte nicht schon einmal gehofft, wenn er Gott ein Opfer brachte, seine Schuld zu tilgen? Sie kannten die Bedeutung des Opferlammes aus ihren gewohnten religiösen Handlungen.

Das Bild des Lammes hatte noch eine zweite Seite. Darauf wies Johannes der Täufer in seinen Predigten auch hin. Allen damals war die Geschichte ihrer Vorfahren bekannt. Die Geschichten von der Sklaverei der Israeliten in Ägypten, der Flucht und der vierzigjährigen Wanderung durch die Wüste kannte bereits jedes Kind. Sie wussten, dass das Blut eines Lammes ihre Vorfahren vor großem Leid bewahrt hatte, als sie aus Ägypten fliehen wollten. Gott hatte sie damals aus der Unterdrückung befreit. Sie sollten die Türpfosten mit dem Blut eines Lammes bestreichen, um vor dem todbringenden Schlag Gottes geschützt zu sein, mit dem er die Ägypter besiegte.

So wie das Blut des unschuldigen Lammes das Leben ihrer Vorfahren bewahrt hatte, so hofften sie, wird das Lamm Gottes auch sie mit seinem Blut beschützen.

Johannes der Täufer wurde verstanden. Als er eines Tages mit zweien seiner Jünger zusammenstand, ging Jesus an ihnen vorbei. Johannes der Täufer machte sie auf ihn aufmerksam: „Seht, das ist Gottes Lamm." Beide Jünger folgten diesem Jesus. Sie hatten verstanden, dass das der Mann war, auf den Johannes der Täufer in seinen Predigten immer wieder hingewiesen hatte. Das ist das Lamm Gottes, der Mensch, der sie von ihrer Schuld befreien und ihr Leben reich machen konnte. So fängt es auch bei uns an: Menschen, die nach dem Sinn ihres Lebens, nach Gott suchen, werden auf Jesus Christus hingewiesen und sie folgen ihm.

1.500 Jahre nach Johannes dem Täufer hat Matthias Grünewald diese Szene auf dem Isenheimer Altar gemalt. Es ist eins der bekanntesten Bilder der Kunstgeschichte. Johannes der Täufer steht unter dem Kreuz Jesu. Das war damals sicher nicht der Fall. Denn Johannes der Täufer war bereits enthauptet worden, als Jesus am Kreuz hingerichtet wurde. Der Maler will mit dem Bild jedoch ausdrücken: Johannes weist hin auf diesen Jesus, der gekreuzigt wurde, und damit die Sünde der Welt auf sich genommen hat.

Faszinierend ist der lange Zeigefinger des Johannes. Auch wenn man nicht mit dem Finger auf Menschen zeigen soll, Johannes tut es auf diesem Bild. Er weist auf Jesus. Er hat es gelesen in dem Buch in seiner linken Hand, im Alten Testament und nun hat er es erkannt: Jesus ist das dort angekündigte Lamm Gottes. Mit seinem Finger bestätigt er es und weist darauf hin. Sein Blick folgt seinem Finger.

An seiner Seite ein Lamm, um den Worten des Johannes bildhaft Ausdruck zu geben. So niedlich das Lamm auch aussehen mag, wenn wir genau hinsehen, erkennen wir: das Lamm blutet aus dem Hals und das Blut fließt in einen Kelch. Der Kelch sieht aus wie ein Abendmahlskelch auf unserem Altar. Beim Abendmahl sagen wir ja: „Christi Blut für dich vergossen." und wir singen: „Christe, du Lamm Gottes, der du trägst die Sünd der Welt..." Das Lamm ist das Lamm Gottes, ist Jesus Christus, der am Kreuz gestorben ist.

Das Lamm sieht in die gleiche Richtung, wie der Finger weist und wie Johannes der Täufer blickt. Er hat von Beginn an in seinen Predigten immer auf Jesus hingewiesen: Es wird einer im Auftrag Gottes kommen, um die Menschen zu retten. In seinen Predigten stützt er sich auf die Heilige

Schrift, die das Kommen des Messias voraussagt. Johannes bereitet die Menschen auf Jesus vor, er weist sie auf ihn hin. Darum steht über dem Bild als Überschrift „Er muss wachsen, ich aber muss abnehmen."

Der Maler Matthias Grünewald hat damit zu erklären versucht, was Menschen bei diesem Jesus finden. Zunächst wenig Beeindruckendes, ja sogar Abstoßendes. Die beiden Johannes Jünger wollten Jesu Herberge sehen. Da hatte Jesus nicht viel zu bieten. An einer anderen Stelle hat er einmal über den Ernst der Nachfolge gesprochen und gesagt: „Die Füchse haben Gruben und die Vögel unter dem Himmel haben Nester; aber der Menschensohn hat nichts, wo er sein Haupt hinlege." (Matthäus 8,20).

Und der Maler Matthias Grünewald drückt in seinem Bild aus: Wer Jesus nachfolgt, wird zum Kreuz geführt, diesem furchtbaren Hinrichtungsinstrument. Der Apostel Paulus hat über das Kreuz im 1. Korintherbrief geschrieben: „Es ist für viele ein Skandal, ein Ärgernis, eine Torheit. Doch für die, die glauben, ist das Kreuz eine Gotteskraft." (1. Korinther 1,18)

Die beiden Johannesjünger lassen sich auf Jesus ein. Sie folgen ihm. Und Jesus lädt sie ein: „Kommt und seht!" Und sie hören, was er sagt. Sie sehen, was er tut. Und sie machen auch andere auf diesen Jesus aufmerksam. Andreas führt seinen Bruder Simon zu Jesus. Und Jesus nimmt sie an als seine Jünger. Er gibt ihnen einen neuen Namen, einen Auftrag. Und er gibt ihnen auch die Kraft dazu.

Johannes der Täufer will auch uns heute darauf hinweisen: Wenn ihr nach dem Sinn eures Lebens sucht und über die letzten Fragen nachdenkt, dann seht auf diesen Jesus. Der lädt euch ein: „Kommt und seht!" Wenn ihr euch auf diesen Jesus einlasst, wenn ihr ihm folgt, dann erkennt ihr seine Bedeutung. Dann seht ihr seine Liebe zu Gott und zu den Menschen. Das Kreuz mag für euch zunächst eine Anfechtung, ein Zeichen für das Scheitern Jesu sein. Doch im Glauben erkennt ihr: Am Kreuz hat Jesus unsere Sünde auf sich genommen. Am Kreuz ist Jesus uns auch im Leiden und Sterben nahe. Im Kreuz geht Jesus uns voraus den Weg zum ewigen Leben. Dann werdet ihr froh und getröstet. Dann bekommt ihr Kraft für euren Weg. Dann erzählt ihr anderen von diesem Jesus. Dann haltet ihr euch zu der Gemeinschaft derer, die an diesen Jesus glauben.

So will Johannes der Täufer auch für uns zu einem Wegweiser werden auf Jesus hin. „Er muss wachsen auch in euch", sagt Johannes, „ich aber muss abnehmen." Das gilt auch für uns: Bei allem, was wir tun oder denken, soll es nicht darum gehen, uns selbst in den Mittelpunkt zu stellen, sondern hinzuweisen auf etwas, das größer ist als wir, auf Gott, auf Jesus Christus.

Der bekannte Benediktinermönch Pater Anselm Grün formuliert das so: „Das Ziel meines Lebens ist, immer durchlässiger zu werden für Jesus Christus. Damit das gelingt, muss mein Ego zurücktreten. Ich spüre, wie schnell sich mein Ego in alles Handeln und Denken hineinmischt. Ich lasse mich nicht nur auf die Arbeit ein, ich möchte damit auch Eindruck machen. Ich schreibe nicht einfach, was ich spüre, ich möchte damit auch gelobt werden. So weist mich Johannes immer wieder darauf hin, mein Ego loszulassen und wie er auf Christus zu verweisen.

Matthias Grünewald hat diese Hinweise des Täufers auf dem Isenheimer Altarbild wunderbar ausgedrückt. Da zeigt Johannes mit ausgestrecktem Finger auf Christus. Gerade zu Weihnachten lasse ich dieses Bild in mich eindringen, damit auch ich in allem auf Christus verweise und die Menschen an mir ablesen können, dass es mir nicht um mich, sondern um Jesus Christus geht." Soweit Anselm Grün.

So möchte auch uns heute am Johannesfest Johannes der Täufer auf Christus verweisen. Der soll in uns wachsen, damit wir zu unserem wahren Leben finden. Oder wie Paul Gerhard in seinem wunderbaren Weihnachtslied „Ich steh an deiner Krippen hier" in der letzten Strophe so treffend formuliert hat:

„Eins aber, hoff ich, wirst du mir,
mein Heiland, nicht versagen:
dass ich dich möge für und für
in, bei und an mir tragen.
So lass mich doch dein Kripplein sein;
komm, komm und lege bei mir ein,
dich und all deine Freuden."

Amen.

Predigt über Offenbarung 21, 1-7
gehalten am 21.11.2004 in St. Georg, Ewigkeitssonntag

Gnade sei mit uns und Frieden von Gott unserem Vater und unserem Herrn Jesus Christus. Amen.

Liebe Gemeinde!

„Nach langem, schwerem Leiden entschlief unsere liebe Mutter..." „Plötzlich und unerwartet verstarb meine herzensgute Frau." „Warum? Wir können es nicht fassen. Unser lieber Nico ist tot." „Erlöst! Unser guter Vater ist heimgegangen in Gottes ewigen Frieden." „Durch einen tragischen Unfall verloren wir unser geliebtes einziges Kind." Wir kennen solche Sätze aus den Todesanzeigen, die wir vielleicht regelmäßig lesen. Und manch einer von uns stand im zu Ende gehenden Jahr selbst vor der schweren Aufgabe, eine solche Anzeige für einen lieben Angehörigen aufgeben zu müssen.

Denn heute, am Toten- oder Ewigkeitssonntag sind viele von Ihnen zum Gottesdienst gekommen, weil sie im vergangenen Jahr einen lieben Menschen aus ihrer Familie oder auch einen guten Freund oder Bekannten verloren haben. Unsere Erinnerungen schweifen deshalb zurück: Wir denken an frohe und glückliche Tage, die wir gemeinsam mit ihnen verbringen durften und wir sind dankbar dafür. Uns fallen aber auch die letzten Tage oder Stunden ein. Der Schmerz des Verlustes. Der endgültige Abschied hier in dieser Kirche oder am Grab. Unser Herz ist schwer, denn wir trauern doch um den Verlust eines Menschen, der zu uns gehörte und der uns nun fehlt.

Wir machen uns aber auch Gedanken über das, was nach dem Tode ist, jetzt für die Verstorbenen und dereinst einmal für einen jeden von uns. Ist mit dem Tode alles aus und vorbei? Oder lebt man in der Erinnerung der Angehörigen weiter? Gibt es eine Wiedergeburt hier auf Erden? Oder tritt die Seele eine letzte große Reise an in ein unbekanntes Land? Die Vorstellungen und Hoffnungen sind vielfältig. Und so genau wissen wir ja auch nicht, was uns erwartet.

Die Bibel gibt jedoch eine tröstliche Antwort auf diese Fragen im Predigttext zum heutigen Sonntag. Er steht in der Offenbarung des Johannes im 21. Kapitel in den Versen 1 – 7:

Ich sah einen neuen Himmel und eine neue Erde; denn der erste Himmel und die erste Erde sind vergangen, und das Meer ist nicht mehr. Und ich

sah die heilige Stadt, das neue Jerusalem, von Gott aus dem Himmel herabkommen, bereitet wie eine geschmückte Braut für ihren Mann. Und ich hörte eine große Stimme von dem Thron her, die sprach: „Siehe da, die Hütte Gottes bei den Menschen! Und er wird bei ihnen wohnen, und sie werden sein Volk sein, und er selbst, Gott mit ihnen, wird ihr Gott sein; und Gott wird abwischen alle Tränen von ihren Augen, und der Tod wird nicht mehr sein, noch Leid noch Geschrei noch Schmerz wird mehr sein; denn das erste ist vergangen.
Und der auf dem Thron saß, sprach: Siehe, ich mache alles neu! Und er spricht: Schreibe, denn diese Worte sind wahrhaftig und gewiss! Und er sprach zu mir: Es ist geschehen. Ich bin das A und das O, der Anfang und das Ende. Ich will dem Durstigen geben von der Quelle des lebendigen Wassers umsonst. Wer überwindet, der wird es alles ererben, und ich werde sein Gott sein, und er wird mein Sohn sein.

Liebe Gemeinde!

Der Seher Johannes hat seine Offenbarung geschrieben zu Zeiten der ersten Christenverfolgungen unter dem römischen Kaiser Domitian. Die Christen am Ende des ersten Jahrhunderts sahen sich plötzlich großem Leid ausgesetzt. Unbegründet und unverdient wurden sie verleumdet, wurde ihnen nachgestellt, wurden sie gefangen, gefoltert, ja getötet.

In dieser schweren Zeit fing manch einer von ihnen an zu zweifeln: „Warum lässt Gott das zu? Warum müssen gerade wir ungerechter Weise leiden?" So fragten sie sich. Einige fielen ab von ihrem Glauben, sagten sich von Gott und Jesus Christus los. Sie beteten den römischen Kaiser und die römischen Götter an und retteten damit ihr Leben. Doch die meisten Christen blieben standhaft in ihrem Glauben auch in Leid und Tod.

Ihnen schreibt der Seher Johannes seine Offenbarung. Er will sie trösten und ihnen Mut geben durchzuhalten. Das ist der Zweck seiner Offenbarung. Dabei bringt er zwei wichtige Gründe vor, warum Christen auch im Leiden und in ihrer Trauer an ihrem Glauben festhalten können, ja sollen.

Zunächst einmal verweist Johannes auf unseren Herrn Jesus Christus. Er ist in diese Welt gekommen, um alles menschliche Leid und Elend freiwillig auf sich zu nehmen und mit zu tragen. Er hat es sich als Gottessohn nicht einfach gemacht. Schon seine Geburt in einem armseligen Viehstall war alles andere als königlich und prachtvoll. Und kaum waren die ersten Besucher und Gratulanten fort, da trachtete der König Herodes dem Gottessohn bereits nach dem Leben. Nur durch die Flucht nach Ägypten wurde er gerettet. Doch im Alter von etwa 30 Jahren begann erst sein eigentlicher

Leidensweg, der ihn schließlich bis nach Golgatha ans Kreuz gebracht hat. Jesus Christus ist diesen Weg bewusst und freiwillig gegangen bis in den Tod, damit es kein menschliches Leid geben sollte, das er nicht auch getragen hätte. Das ist das erste, woran der Seher Johannes die leidenden und trauernden Mitchristen erinnert.

Es gibt eine Fabel, eine Tiergeschichte, die auf ein Wort Jesu aus dem Johannes – Evangelium zurückgeht und dieses Mitleiden des Gottessohnes deutlich macht: „Ein Esel war bepackt mit schwersten Lasten, und immer mehr wurde ihm aufgelegt. Er brach fast darunter zusammen. Da blieb er stehen und klagte: ‚Meine Lasten sind mir zu schwer. Ich kann nicht mehr!' Da antwortete ihm der Weg, auf dem er stand: ‚Du, Esel, ich trage dich und deine Lasten dazu.' Als das der Esel hörte, sagte er zu sich selbst: ‚Ich Esel!' Und trabte seinen Weg wie befreit mit neuen Kräften weiter." Jesus hat allen Menschen, denen schwere Lasten aufgeladen werden, die leiden und die trauern, zugesagt: „Ich bin der Weg und die Wahrheit und das Leben. Niemand kommt zum Vater denn durch mich." (Johannes 14,6) Jesus Christus ist der Weg, der uns samt unseren oft schweren Lasten trägt und uns hin zum Vater im Himmel bringt.

Das ist das zweite, mit dem der Seher Johannes die leidenden und trauernden Christen tröstet: Es ist ja nicht nur so, dass Gott auch in den finsteren Tälern des Lebens bei uns ist. Vielmehr hat Jesus Christus den Tod überwunden. Er hat die Macht des Todes endgültig gebrochen. Er ist der Sieger geblieben im Kampf mit dem Tod. Es sitzt nun zusammen mit Gott auf dem Thron und regiert von dort die Welt.

Und allen Christen, die ihrem Glauben auch im Leiden und in der Trauer treu bleiben, gilt sein Trostwort: „Gott wird abwischen alle Tränen von ihren Augen, und der Tod wird nicht mehr sein, noch Leid, noch Geschrei, noch Schmerz wird mehr sein. Denn das erste ist vergangen. Gott macht alles neu."

Das ist die große Hoffnung, die der Seher Johannes allen leidenden und trauernden Christen vor Augen stellt. Der Tod ist zwar unausweichlich. Doch er ist nicht das Aus, nicht das Ende, nicht das Letzte. Sondern durch die Auferstehung Jesu Christi von den Toten gibt es auch für alle, die an ihn glauben, die berechtigte Hoffnung auf eine Auferstehung und ein ewiges Leben bei Gott ohne Leid, ohne Schmerz, ohne Tod. Jesus Christus hat im Johannes – Evangelium von sich selbst gesagt: „Ich bin die Auferstehung und das Leben. Wer an mich glaubt, der wird leben, auch wenn er stirbt; und wer da lebt und glaubt an mich, der wird nimmermehr sterben." (Johannes 11,25 + 26)

Diesen zweifachen Trost im Leiden und in der Trauer hat der Seher Johannes damals seinen unschuldig verfolgten Mitchristen gegeben. Doch dieser Trost ist heute noch genauso aktuell. Er gilt auch uns, wenn wir trauern um den Verlust eines lieben Menschen oder wenn wir in diesen trüben Novembertagen an unsere eigene Sterblichkeit, an unseren eigenen Tod denken. Wir dürfen wissen: Jesus Christus steht allen leidenden und sterbenden Menschen bei. In seiner Hand sind und bleiben wir geborgen. Und: Der Tod behält nicht das letzte Wort. Auferstehung, neues Leben in Gottes ewigem Reich ist das, was uns Christen erwartet.

Das ist Gottes Lebensanzeige, die er unseren Todesanzeigen entgegensetzt. Sie gilt uns, wie auch unseren Verstorbenen. Sie will und kann uns trösten und uns Kraft geben, unser Leben zu bestehen, auch im Angesicht des Todes, am heutigen Totensonntag wie auch an jedem weiteren Tage unseres Lebens. Bei Gott werden unsere Totensonntage zu Ewigkeitssonntagen.

Amen.

4. Der Gottesdienst

Quelle im Wadi Kelt, Israel
Foto: Mader

Predigt über den 2. Artikel des Glaubensbekenntnisses
gehalten am 5.6.2005 in St. Georg, Thema: Glaubensbekenntnis

Gnade sei mit uns und Frieden von Gott unserem Vater und unserem Herrn Jesus Christus. Amen.

Liebe Gemeinde!

Ich glaube, dass es heute Nachmittag regnet. Ich weiß es nicht genau. Ich vermute es. Ich bin mir durchaus nicht sicher. Aber es könnte ja sein.

In der deutschen Sprache hat das Wort „glauben" zwei Bedeutungen. Die werden auch unterschiedlich grammatisch konstruiert.

Einmal kann „glauben" bedeuten: Ich glaube, <u>dass</u> etwas passiert. Ich weiß es nicht genau. Ich bin mir nicht sicher. Ich vermute es. So wie ich mich über das Wetter geäußert habe. Dieses Glauben entspringt einer rationalen Abwägung, die nur zu einem unsicheren Ergebnis gekommen ist. Es ist eine Sache des Verstandes, des Gehirns.

Zum anderen kann „glauben" bedeuten: Ich glaube <u>an</u> jemanden, ich vertraue auf ihn, ich hoffe auf ihn, ich setze mein ganzes Leben auf ihn. Das sagt man hoffentlich über seinen Ehepartner, über seine Eltern oder Kinder, über seinen besten Freund. Dieses Glauben hat nichts zu tun mit unsicher sein, mit nicht genau wissen, mit distanzierter rationaler Abwägung. Dieses Glauben entspringt einem engen inneren Verhältnis, es ist das Ergebnis vieler positiver Erfahrungen, es kommt aus der Tiefe des Herzens.

Wenn in der Bibel von Glauben die Rede ist, dann ist die zweite Bedeutung gemeint. So heißt es in unserem Glaubensbekenntnis nicht: Ich glaube, <u>dass</u> es Gott, <u>dass</u> es Jesus Christus, <u>dass</u> es den Heiligen Geist gibt. Ich bin mir aber nicht ganz sicher. Sondern im Glaubensbekenntnis heißt es: Ich glaube <u>an</u> Gott, <u>an</u> Jesus Christus, <u>an</u> den Heiligen Geist. Das bedeutet: ich vertraue auf sie, ich hoffe auf sie, ich setze mein Leben auf sie. Ich habe positive Erfahrungen mit ihnen gemacht. Ich bin mit ihnen aufs engste verbunden.

In diesen Wochen machen wir uns in unseren Gottesdiensten Gedanken über unser Glaubensbekenntnis. Pastor Hensel hat an den beiden letzten Sonntagen etwas über den ersten Glaubensartikel gesagt: „Ich glaube an Gott, den Vater, den Allmächtigen, den Schöpfer des Himmels und der Erde."

Heute geht es um den 2. Glaubensartikel. Der beginnt mit den Worten: „Ich glaube an Jesus Christus." Was in diesem Zusammenhang „glauben" bedeutet, habe ich ja schon versucht klar zu machen. Schauen wir uns nun die beiden nächsten Worte an: Jesus Christus. Sie sind uns geläufig, gehen uns schnell über die Zunge. Aber wissen wir auch, was sie bedeuten?

Jesus ist ein hebräischer Name. Aber nicht irgendein Name. Er ist ein Programm. Er bedeutet auf Deutsch: „Gott rettet!" Nicht umsonst hat der Engel Gabriel Maria bei der Ankündigung der Geburt Jesu gesagt: „Du sollst einen Sohn gebären und sollst ihm den Namen Jesus geben. Der wird groß sein und Sohn des Höchsten genannt werden...er wird König sein in Ewigkeit...und sein Reich wird kein Ende haben." (Lukas 1,31-33) Gott will die Menschen durch diesen Jesus retten. Jesus ist der Retter, der Heiland, der Sohn Gottes. Jesus bedeutet: „Gott rettet!"

Christus ist ein griechisches Wort, eigentlich kein Name. Es bedeutet: „der Gesalbte", der von Gott zum König Gesalbte. Damit war für die Juden zurzeit Jesu klar: Christus ist der von Gott verheißene und nun in die Welt gesandte Messias. Die Propheten des Alten Testamentes haben ihn angekündigt, ihn in Bildern beschrieben. In diesem Jesus von Nazareth ist er nun wirklich in diese Welt gekommen. Mit ihm und durch ihn will Gott die Welt erretten.

Für die ersten Christen war bereits der Ausruf: „Jesus ist der Christus!" das kürzeste und älteste Glaubensbekenntnis. Es besagte, was in unserem Glaubensbekenntnis mit mehreren Sätzen formuliert wird: Wir vertrauen darauf: dieser Jesus, von der Jungfrau Maria in Bethlehem geboren, ist Gottes eingeborener Sohn. Er ist wahrer Mensch, aber auch wahrer Gott. Er ist für uns am Kreuz gestorben. Er wurde von Gott auferweckt. Er ist zum Himmel gefahren und regiert dort mit Gott die Welt. Wir glauben: Jesus ist der Christus!

Zwei weitere kleine Wörter unseres Glaubensbekenntnisses haben es in sich: „Ich glaube an Jesus Christ... unseren Herrn."

Das war für die ersten Christen eine ungeheuerliche, ja lebensgefährliche Aussage. Denn nur der römische Kaiser durfte damals „Kyrios, Herr" genannt werden. Er beanspruchte diesen Titel ganz exklusiv nur für sich allein. Wer einen anderen „Kyrios, Herr" nannte, erkannte die römische Herrschaft nicht an und wurde mit dem Tode bedroht. Die ersten Christenverfolgungen hatten darin ihre Ursache, dass die Christen bekannten: „Jesus Christus – und nicht der römische Kaiser - ist unser Herr und der Herr der Welt." Wer bei diesem Bekenntnis blieb, wurde den Löwen zum Fraß vorgeworfen.

Zugleich ist dieses Bekenntnis: „Jesus Christus ist unser Herr!" eine tiefe Glaubensaussage über das Verhältnis von Gott und Jesus. Denn im Alten Testament wurde nur Gott als Herr angeredet und bezeichnet. Nur ihm stand dieser Titel zu. Wenn nun die Christen Jesus als ihren Herrn bekennen, dann drücken sie damit aus: Gott und Jesus Christus sind eins.

Wenn ich mit meinen Konfirmanden das Glaubensbekenntnis bespreche, dann kommt immer sehr schnell die Frage: An wie viele Götter glauben wir Christen eigentlich? Die spontane Antwort lautet: An einen Gott natürlich. Aber wenn wir uns das Glaubensbekenntnis angucken, dann heißt es da ja: Ich glaube an Gott, ich glaube an Jesus Christus, ich glaube an den Heiligen Geist. Das sind doch drei.

Wie ist dieses Problem zu lösen? Die alte Kirche hat die Formel von der Dreieinigkeit Gottes entwickelt, auf Latein: Trinitatis. Sicher gibt es nur einen Gott. Der hat sich uns Menschen aber auf dreifache Weise zu erkennen gegeben: als Schöpfer, als Mensch Jesus von Nazareth und als Heiliger Geist. Darum feiern wir eine Woche nach dem Pfingstfest; dem Fest des Heiligen Geistes, das Trinitatisfest, das Fest der Dreieinigkeit Gottes. Und alle weiteren Sonntage bis zum Ende des Kirchenjahres, bis zum 1. Advent, werden nach diesem Trinitatisfest gezählt. So haben wir heute den 2. Sonntag nach Trinitatis.

Wenn wir im Glaubensbekenntnis also sprechen: Ich glaube an Jesus Christus, unseren Herrn, dann drücken wir damit aus. Er ist genauso wie Gott unser Herr. Er ist Gott gleich.

Nun haben wir einiges zusammengetragen, was das Glaubensbekenntnis über Jesus Christus aussagt: Er ist Jesus, der Retter. Er ist der Christus, der Gesalbte Gottes. Er ist Gottes eingeborener Sohn, wahrer Mensch und wahrer Gott. Er ist unser Herr.

Der zweite Glaubensartikel geht nun weiter: Jesus wurde gekreuzigt, er ist auferstanden, aufgefahren in den Himmel, er sitzt zur Rechten Gottes, er wird wiederkommen als Richter. Auffallend ist, dass dabei von der irdischen Tätigkeit Jesu als Lehrer und Arzt, wie ihn die Evangelien beschreiben, nicht die Rede ist. Darüber wird Pastor Hensel in 14 Tagen mehr sagen.

Wir wollten uns heute beschränken auf die ersten Aussagen über Jesus in unserem Glaubensbekenntnis. Das sind keine abstrakten, theoretischen Formeln oder Bezeichnungen, wie man vielleicht meinen könnte. Sondern das sind Ausdrücke des Glaubens, der positiven Erfahrung mit diesem Jesus, des Vertrauens auf ihn.

Unser Glaubensbekenntnis hat ja einen Namen. Es ist das apostolische Glaubensbekenntnis. Das bedeutet einmal: es gibt auch noch andere Glaubensbekenntnisse, sehr alte und auch neuere aus unserer Zeit. Doch dieses apostolische Glaubensbekenntnis hat allgemeine Bedeutung. Es wird seit Jahrhunderten in allen Gottesdiensten gesprochen, nicht nur in der evangelischen, sondern auch in der katholischen Kirche.

Das kommt daher: das apostolische Glaubensbekenntnis geht – wie der Name sagt - auf die zwölf Apostel zurück, letztlich auf die Jünger Jesu. Sie haben sich von Jesus in die Nachfolge rufen lassen. Sie waren mit ihm Tag und Nacht unterwegs. Sie haben erlebt, wie er Kranke heilte und wie er predigte. Sie haben erlebt, wie er gekreuzigt wurde und haben ihn als Auferstandenen gesehen und gesprochen. Sie wurden von ihm vor seiner Himmelfahrt ausgesandt, die Botschaft von ihm zu verbreiten in aller Welt. Das heißt im Griechischen übrigens „apostellein". Darum nennt man sie „Apostel". Sie sind mit einer guten Nachricht Losgeschickte. Sie haben an diesen Jesus Christus geglaubt, sie haben ihm vertraut, sie haben ihr Leben auf ihn gesetzt. Denn sie haben erlebt: Er ist wirklich der Retter, der Christus, der Sohn Gottes, der Herr. Das sind Ausdrücke ihres Glaubens, ihrer positiven Erfahrung mit ihm, ihres Vertrauens auf ihn.

Das Glaubensbekenntnis ist auch eine Einladung an uns. Es möchte uns Jesus Christus als den Herrn und Heiland auch unseres Lebens vorstellen und nahe bringen. Im Wochenspruch zum heutigen Sonntag sagt Jesus selbst: „Kommt her zu mir alle, die ihr mühselig und beladen seid; ich will euch erquicken." Auch im Evangelium werden wir eingeladen zum großen Abendmahl. Wir haben die Geschichte eben als Lesung gehört. Und in diesem Gottesdienst feiern wir gleich das Heilige Abendmahl miteinander. Jesus selbst lädt uns an seinen Tisch. Er schenkt uns Gemeinschaft und Vergebung. Er schenkt uns neues, ewiges Leben. Wir dürfen und sollen diese Einladung annehmen, um unseren Glauben an diesen Jesus Christus zu vertiefen und zu bekennen.

Martin Luther hat in seiner Erklärung zum zweiten Artikel des Glaubensbekenntnisses in seinem Kleinen Katechismus formuliert: „Was ist das? Ich glaube, dass Jesus Christus, wahrhaftiger Gott vom Vater in Ewigkeit geboren und auch wahrhaftiger Mensch von der Jungfrau Maria geboren, sei mein Herr, der mich verlorenen und verdammten Menschen erlöst hat, erworben, gewonnen von allen Sünden, vom Tode und von der Gewalt des Teufels, nicht mit Gold oder Silber, sondern mit seinem heiligen, teuren Blut und mit seinem unschuldigen Leiden und Sterben; damit ich sein eigen sei und in seinem Reich unter ihm lebe und ihm diene in ewiger Gerechtigkeit, Unschuld und Seligkeit, gleichwie er ist auferstanden vom Tode, lebet und regieret in Ewigkeit. Das ist gewisslich wahr."

„Herr Jesu, Gnadensonne, wahrhaftes Lebenslicht,
mit Leben, Licht und Wonne wollst du mein Angesicht
nach deiner Gnad erfreuen
und meinen Geist erneuen;
mein Gott, versag mir's nicht."

Dieses alte Bekenntnislied von Ludwig Andreas Gotter unter der Nummer 404 im Gesangbuch wollen wir nun miteinander anstimmen.

Amen.

Predigt über Psalm 34, 9
gehalten am 8.9.2013 in St. Georg, Thema: Abendmahl

Gnade sei mit uns und Frieden von Gott unserem Vater und unserem Herrn Jesus Christus. Amen.

Der Predigttext, den ich meiner Predigt zugrunde gelegt habe, ist der Hallelujavers zum heutigen Sonntag, der aber auch bei jedem Abendmahl als Einladung ausgesprochen wird. Er steht im Psalm 34. Wir haben diesen Psalm eben zu Beginn des Gottesdienstes bereits im Wechsel gebetet. In Vers 9 heißt es dort:
„Schmecket und sehet, wie freundlich der HERR ist.
Wohl dem, der auf ihn trauet!"

Liebe Gemeinde!

Gott sei Dank ist unser christlicher Glaube nicht nur etwas für unseren Verstand. Er ist auch etwas für unser Herz und für unsere Sinne. Die

Freundlichkeit Gottes können wir nicht nur zur Kenntnis nehmen und durchdenken, wir können sie auch körperlich spüren und wahrnehmen. Klassischer Weise unterscheidet man schon seit Aristoteles im 4. Jahrhundert vor Christus fünf menschliche Sinne: das Sehen mit den Augen, das Hören mit den Ohren, das Riechen mit der Nase, das Schmecken mit der Zunge und das Fühlen mit der Haut.

Auch in der Bibel werden diese Sinne immer wieder angesprochen. Zum Beispiel heißt es: „Kommt und seht!" oder: „Siehe, ich verkündige euch große Freude!" Vom Sehen ist rund 900-mal in der Bibel die Rede. Ähnlich verhält es sich mit dem Hören: „Wer Ohren hat, der höre!" sagt Jesus 16-mal. Insgesamt 600-mal geht es um das Hören. Riechen kommt nicht so oft vor, immerhin noch 10-mal, ähnlich wie das Schmecken und das Fühlen.

„Schmecket und sehet, wie freundlich der HERR ist!" Diese Worte aus dem 34. Psalm stammen – so sagt Vers 1 dieses Psalms - von König David. Nach seiner Salbung durch Samuel wurde ihm von seinem Vorgänger Saul nachgestellt. Nur knapp entkam er dessen Bedrohungen. Wieder einmal gerettet betet er im 34. Psalm das Danklied: „Ich will den HERRN loben allezeit; sein Lob soll immerdar in meinem Munde sein. Als ich den HERRN suchte, antwortete er mir und errettete mich aus aller meiner Furcht. Schmecket und sehet, wie freundlich der HERR ist. Wohl dem, der auf ihn trauet."

Gottes Freundlichkeit erfahren, spüren, schmecken und sehen, das können wir in ganz unterschiedlichen Situationen. Ich will einige nennen:

1. wie David nach Psalm 34 können auch wir Gottes Freundlichkeit erleben bei der Rettung aus einer Bedrohung. Auch wir geraten immer wieder in schwierige Situationen – ob selbst verschuldet oder nicht – aus denen wir keinen Ausweg wissen. Wie befreiend ist es dann zu erfahren: Gott hilft. Er sieht mich. Er kennt mich. Er lässt mich nicht im Stich. Er erhört meine Gebete und steht mir bei. Er heilt. Er führt Wege in die Freiheit. Er ist in aller Not an meiner Seite.

Seine Freundlichkeit ist dann für uns mit Händen zu greifen, zu schmecken und zu sehen. Wir atmen wieder tief durch. Die Angst ist verschwunden. Wir sind wieder in der Lage zu lächeln. Wir spüren wieder die Sonne und den Wind auf unserer Haut. Wir können den Blick zuversichtlich nach vorne richten. Denn Gott hilft in der Not! Schmecket und sehet, wie freundlich der HERR ist!

2. Nach den Texten des heutigen Sonntages können wir Gottes Freundlichkeit auch erleben <u>bei unseren manchmal bedrückenden Sorgen</u>. „Alle eure Sorge werft auf ihn, denn Gott sorgt doch für euch." bietet uns der Wochenspruch und Jesus in seiner Bergpredigt an. Was tut Gott nicht alles für uns! Er stellt uns seine gute Schöpfung zur Verfügung. Er schafft die Grundlagen für unser tägliches Brot, ja für unser Leben. Er gibt uns Menschen an die Seite, die uns begleiten, uns raten, uns unterstützen.

Wir können Gottes Freundlichkeit in unserem Alltag erfahren gerade jetzt nach der guten Ernte dieses Jahres. Wir riechen das noch warme Brot. Wir genießen frisches Gemüse und Obst. Wir erfreuen uns an den Farben des Spätsommers. Oder: Wir hören das hilfreiche Wort eines Freundes. Wir spüren die ausgestreckte Hand eines Helfers. Wir sehen in das freundliche Gesicht eines Kindes. Gott sorgt für uns! Schmecket und sehet, wie freundlich der HERR ist!

3. Gottes Freundlichkeit erleben wir ganz besonders <u>zu Weihnachten</u> mit allen Sinnen. Das Kind in der Krippe von Bethlehem: Wir haben Bilder vor Augen, Erinnerungen. Wir riechen den Stall, das Heu und das Stroh. Wir hören und singen die zu Herzen gehenden alt bekannten oder auch neuen Weihnachtslieder. Wir sehen fasziniert auf die flackernden Kerzen am Christbaum, die die Finsternis vertreiben. Wir lassen uns den Christstollen oder den Weihnachtsbraten schmecken.

Wir spüren das Wunder mit allen unseren Sinnen: Gott kommt zu uns. Er wird Mensch, einer von uns. Er nimmt unser Schicksal auf sich, um uns ganz nahe zu sein und die Dunkelheiten unseres Lebens und die der ganzen Welt zu erhellen und zu vertreiben. Gottes Menschenfreundlichkeit wird für uns erfahrbar, spürbar, greifbar. Gott schenkt uns seinen Sohn! Schmecket und sehet, wie freundlich der HERR ist!

4. Gottes Freundlichkeit erleben wir nicht zuletzt beim Abendmahl. „Christi Leib – für dich gegeben. Christi Blut – für dich vergossen!" wird jedem ganz persönlich zugesprochen. Alles, was uns trennt von Gott und von unseren Mitmenschen, dieser für uns unüberbrückbare Graben der Sünde, wird durch das Kreuz Christi überwunden. Über diese Brücke des Kreuzes können wir gehen. Im Abendmahl bekommen wir Anteil an dem, was Jesus für uns am Kreuz getan hat, fühlbar, schmeckbar: „Mein Leib – für dich gegeben! Mein Blut – für dich vergossen." sagt er uns zu. Brot und Wein werden für uns zu einer Speise, die uns neue Gemeinschaft schenkt mit Gott, mit Jesus Christus, mit allen, die zum Tisch des Herrn kommen. Brot und Wein werden für uns zu einer Speise, die uns Hoffnung schenkt sogar über den Tod hinaus, ja die uns den Himmel öffnet.

Immer wieder leiden wir darunter, dass etwas nicht in Ordnung ist in unserem Leben, dass wir nicht zurechtkommen mit uns selbst, mit unseren Mitmenschen, mit Gott. Wir fühlen uns ohnmächtig, nicht in der Lage, das zu ändern. Und dann hören wir diese unglaubliche Einladung zum Abendmahl: „Kommt, denn es ist alles bereit. Schmecket und sehet, wie freundlich der HERR ist!" Wir erfahren, spüren, schmecken die großartige Freundlichkeit Gottes, die uns heil macht, die uns neues Leben schenkt. Gott lädt uns ein an seinen Tisch. Nehmt die Einladung an! Kommt, schmecket und sehet, wie freundlich der HERR ist!

Gott sei Dank ist unser christlicher Glaube nicht nur etwas für unseren Verstand. Er ist auch etwas für unser Herz und für unsere Sinne. Die Freundlichkeit Gottes, die Erfahrung, dass er unser guter Freund ist, können wir nicht nur zur Kenntnis nehmen und durchdenken, wir können sie auch körperlich spüren und wahrnehmen, ganz besonders auch beim Abendmahl. Nehmen wir doch Gottes Einladung an: „Schmecket und sehet, wie freundlich der HERR ist!"

Amen.

Predigt über Matthäus 6, 7-13
gehalten am 17.05.2009 in Buchholz am Ratzeburger See zum Erntebittgottesdienst, Thema: Vaterunser

Gnade sei mit uns und Frieden von Gott unserem Vater und unserem Herrn Jesus Christus. Amen.

Der Predigttext zum heutigen Sonntag „Rogate" zu Deutsch „Betet!" oder „Bittet!" steht in der Bergpredigt Jesu beim Evangelisten Matthäus im 6. Kapitel. Es sind die allseits bekannten Worte des Vaterunsers. Dort sagt Jesus:
„Darum sollt ihr so beten:
Vater unser im Himmel!
Dein Name werde geheiligt.
Dein Reich komme.
Dein Wille geschehe
wie im Himmel so auf Erden:
Unser tägliches Brot gib uns heute.

*Und vergib uns unsere Schuld,
wie auch wir vergeben unseren Schuldigern.
Und führe uns nicht in Versuchung,
sondern erlöse uns von dem Bösen.
Denn dein ist das Reich und die Kraft
und die Herrlichkeit in Ewigkeit.
Amen."*

Liebe Gemeinde!

Ich bin sicher: Uns allen sind diese Worte des Vaterunsers vertraut. Von Kindesbeinen an, spätestens im Konfirmandenunterricht haben wir sie gelernt. Unzählige Male haben wir sie seitdem gesprochen und gebetet, vielleicht allein zu Hause oder aber in der Gemeinschaft der Gemeinde in jedem Gottesdienst, bei jeder Taufe, jeder Trauung oder jeder Beerdigung. Das Vaterunser ist das Mustergebet, das jeder Christ kennt oder kennen sollte.

Gerade weil uns die Worte dieses Gebetes so vertraut sind, kann es jedoch dazu führen, dass wir sie unbewusst herunterspulen, ohne über ihren Inhalt nachzudenken, ohne wirklich ernst zu meinen, was wir Gott da vortragen, um was wir ihn bitten. Der heutige Sonntag unter dem Thema „Rogate", „Betet!" bzw. „Bittet!" und erst recht das Vaterunser als Predigttext wollen uns einerseits ermuntern und ermutigen, regelmäßig die Hände zu falten, und sie wollen uns andererseits auch noch einmal klar machen, welche Bedeutung die altbekannten Gebetsworte des Vaterunsers haben.

Zunächst einmal ist wichtig, dass Jesus selbst seinen Jüngern diese Worte als Mustergebet beigebracht hat. In seiner Bergpredigt, in der er die Fülle seiner Verkündigung vereinigt hat, setzt er das Vaterunser genau in die Mitte. So soll das Gebet auch in der Mitte unseres Christseins stehen.

Und Jesus fordert uns auf: „Ihr <u>sollt</u> so beten!" Das bedeutet doch, dass das Beten nicht von unserer Laune, unserer Stimmung, unserer Lebenslage abhängig sein soll. Natürlich lehrt uns die Not beten. Wenn wir nicht mehr aus noch ein wissen, falten wir schnell einmal die Hände und schicken ein Stoßgebet zum Himmel. Jesus aber will, dass wir regelmäßig beten. Wir sollen dem Gebet einen festen Raum in unserem Leben geben wie dem Waschen, dem Schlafen oder dem Essen. Nicht als fromme Übung oder Leistung ist das wichtig. Sondern das Beten tut uns gut, es bringt uns zur Besinnung, es gibt uns Kraft und Orientierung in unserem manchmal so chaotischen Leben. Nehmen wir uns doch täglich die Zeit, zur Ruhe zu kommen, unsere Gedanken zu ordnen, alles, was uns bewegt, vor Gott zu bringen. Wir werden spüren, welche Kraft uns das gibt, nicht nur in Zeiten der Not und Verzweiflung.

Wir brauchen dabei nicht viele Worte zu machen. Es kommt nicht darauf an, Gott zu überreden, ihm <u>unseren</u> Willen aufzudrängen oder gar aufzuzwingen; wir sollen nicht viel plappern wie die Heiden, die meinen, Gott auf diese Weise beeinflussen zu können. Denn Jesus sagt: „Euer Vater weiß doch längst, was ihr bedürft, bevor ihr ihn bittet." Wir können und brauchen ihn also nicht mit unseren Worten zu überzeugen.

Durch das Beten bleiben wir aber mit Gott im Gespräch; es entsteht ein vertrauensvolles Verhältnis zu Gott wie zwischen einem guten, liebevollen Vater und seinen Kindern. Das ist das revolutionär Neue an dem Gebet, das Jesus uns lehrt: Wir dürfen Gott „Vater" nennen. Gott ist nicht ein höheres, unerreichbares Wesen, kein unberechenbares Schicksal. Sondern Gott ist „unser Vater im Himmel".

Und als Vater sorgt er für seine Kinder. Er weiß, was für sie wichtig und gut ist. Deshalb kann er nicht immer alle ihre Wünsche erfüllen. Denn manche unserer Wünsche sind schädlich für uns, auch wenn wir das in dem Moment unseres Bittens noch gar nicht erkennen. Gott ist weitsichtig, und er ist für seine Kinder da, auch und gerade in schweren Zeiten.

Mit dem Vaterunser lehrt uns Jesus, nicht in erster Linie an <u>uns</u> und <u>unsere</u> Wünsche oder Bedürfnisse zu denken. Denn die ersten drei Bitten dieses Gebetes beziehen sich auf Gott: „<u>Dein</u> Name werde geheiligt. <u>Dein</u> Reich komme. <u>Dein</u> Wille geschehe." Unser Blick wird also zunächst einmal weg von uns selbst hin auf Gott gelenkt.

Dabei ist es für uns sicher nicht immer einfach, diese Bitten auszusprechen. Etwa wenn wir unsere Kinder zur Taufe bringen und beten sollen: „Dein Wille geschehe." Denn das bedeutet doch: Nicht wie wir uns die Entwicklung unserer Kinder vorstellen oder wünschen ist entscheidend, sondern: „<u>Dein</u> Wille geschehe."

Oder wenn wir am Grab eines lieben Menschen stehen und um seinen Verlust zu recht trauern, sollen wir einstimmen in die Bitte: „<u>Dein</u> Wille geschehe." Wir können das wohl nur, wenn wir wissen, wie Jesus selbst vor seiner Kreuzigung mit Gott gerungen und ihn gebeten hat, ihm dieses grausame Leiden zu ersparen. Doch Jesus konnte schließlich einwilligen und beten: „Nicht mein, sondern dein Wille geschehe." Seitdem ist er an der Seite aller, die auch leiden und sterben müssen. Seitdem hält er sie in seiner Hand geborgen. Auch das ist Gottes Wille.

Es ist sicher kein Zufall, dass es im Vaterunser drei Bitten sind, die sich auf Gott beziehen; denn Gott ist der dreieinige Gott: Vater, Sohn und Heiliger Geist. Und es ist sicher kein Zufall, dass sich daran vier Bitten anschließen, die sich auf uns Menschen beziehen, auf unsere Welt mit ihren vier Himmelsrichtungen. So sind es insgesamt sieben Bitten, das ist die Zahl der Vollkommenheit, die das Vaterunser umfasst.

Die erste Bitte, die sich auf uns Menschen bezieht, lautet: „Unser tägliches Brot gib uns heute." Sie bezieht sich auf alles, was wir zum Leben brauchen. Martin Luther hat das tägliche Brot in seinem Kleinen Katechismus so erklärt: „Alles, was nottut für Leib und Leben, wie: Essen, Trinken, Kleider, Schuh, Haus, Hof, Acker, Vieh, Geld, Gut, fromme Kinder, gute Regierung, gut Wetter, Friede, Gesundheit, Zucht, Ehre, gute Freunde, getreue Nachbarn und desgleichen." Sicher kann jeder von uns diese Liste der Lebensnotwendigkeiten noch verlängern.

Es ist eine gute alte lauenburgische Tradition, jetzt im Mai um eine gute Ernte zu bitten, Erntebittgottesdienste zu halten. Da bitten wir um Gottes Segen für das Reifen der Früchte auf den Feldern und in den Gärten. Wir bitten um gutes Gelingen der Arbeit unserer Landwirte. Wir bitten um Verschonung vor Seuchen, vor Hagel und anderen Unwettern, die unsere Ernte bedrohen. Deshalb wurden diese Erntebittgottesdienste früher auch „Hagelfeiern" genannt. All dies ist mit gemeint, wenn wir im Vaterunser die vierte Bitte aussprechen: „Unser tägliches Brot gib uns heute."

Aber Jesus geht es dabei nicht nur um das äußere Satt- und Zufriedensein, um unser Wohlergehen und unseren Reichtum. An anderer Stelle hat er formuliert: „Der Mensch lebt nicht vom Brot allein, sondern von einem jeden Wort, das aus dem Munde Gottes kommt." Und dann hat er von sich selbst gesagt: „Ich bin das Brot des Lebens. Wer zu mir kommt, den wird nicht hungern; und wer an mich glaubt, den wird nimmermehr dürsten." Auch um diese geistliche Speise, um unsere seelische Nahrung bitten wir, wenn wir sprechen: „Unser tägliches Brot gib uns heute."

Liebe Gemeinde! Vielleicht ist Ihnen schon aufgefallen, dass im Vaterunser immer von „wir" oder „uns" die Rede ist. Es heißt nicht: „<u>Mein</u> Vater im Himmel", sondern „Vater <u>unser</u> im Himmel". Und es heißt nicht: „<u>Mein</u> tägliches Brot gib <u>mir</u> heute.", sondern: „<u>Unser</u> tägliches Brot gib <u>uns</u> heute." Das bedeutet doch, dass wir nicht egoistisch nur für uns selbst beten sollen, sondern für alle Menschen. Das Vaterunser stellt uns in die Gemeinschaft der Kinder Gottes hinein, und seine Bitten werden dadurch zu Fürbitten für alle, die Gott Vater nennen dürfen.

Neben der Bitte um das tägliche Brot stehen im Vaterunser die Bitten um Vergebung unserer Schuld, um Bewahrung vor der Versuchung und um Erlösung von dem Bösen. Jesus will uns damit deutlich machen, was wirklich wichtig ist in unserem Leben, wofür es sich lohnt, Gott zu bitten. Dass wir unsere Sünden bekennen und von Gott Vergebung erfahren, ist demnach genauso wichtig wie das tägliche Brot. Ein gutes Gewissen, mit sich selbst, mit Gott und mit den anderen Menschen im Reinen zu sein, bedeutet seelische Gesundheit, die für uns genauso wichtig ist wie körperliches Wohlergehen. Wie viele körperliche Beschwerden sind auf seelische Ursachen zurückzuführen. Das ist eine Erkenntnis, die sich heutzutage bei den Medizinern immer mehr durchsetzt.

Für Jesus war sie längst selbstverständlich. Er hat bei seinen Heilungswundern den Kranken und Leidenden immer zuerst zugesprochen: „Dir sind deine Sünden vergeben." Erst danach wurden sie geheilt von ihrer Blindheit, ihrer Lähmung oder ihrem Aussatz. Jesus wusste um die enge Verbindung von Schuld und körperlichen Gebrechen. Er hat da angesetzt, wo oft die Ursachen liegen: bei einer nicht bewältigten Schuld. Seelsorge und Leibsorge gehören für ihn zusammen. Nur dadurch wird der ganze Mensch gesund. Darum knüpft Jesus im Vaterunser an die Bitte „Unser tägliches Brot gib uns heute." die Bitte an: „und vergib uns unsere Schuld."

Wenn wir diese beiden Bitten nachsprechen, geht es also nicht nur vordergründig um unsere körperliche Gesundheit, die wir uns ja so sehr wünschen und die bei uns einen enorm hohen Stellenwert hat. Sie ist in der Bitte „Unser tägliches Brot gib uns heute." sicher mit gemeint. Sondern es geht um mehr. Es geht darum, dass wir auch seelisch gesunden, dass wir mit Gott, mit uns selbst und mit unseren Mitmenschen ins Reine kommen.

Zum Schluss des Vaterunsers stimmt Jesus einen Lobgesang an. Unser himmlischer Vater, den wir um so vieles bitten dürfen, der jeden von uns auf seinem Lebensweg mit seiner Liebe und Gnade begleitet, er ist der allmächtige und ewige Gott. Sein ist das Reich und die Kraft und die Herrlichkeit in Ewigkeit. Für beides – für seine liebevolle Zuwendung zu uns wie auch für seine Größe und Macht danken wir ihm von Herzen. Das steht am Ende des Vaterunsers, und das soll auch am Ende all unseres Betens stehen. Ja, so sei es.

Amen.

Predigt über 4. Mose 6, 22-27
gehalten am 10.06.2001 in St. Georg, Thema: Segen

Gnade sei mit uns und Frieden von Gott unserem Vater und unserem Herrn Jesus Christus. Amen.

Liebe Gemeinde!

„Ich wünsche dir Gottes Segen zum Geburtstag." So gratulieren wir anderen gern zu ihrem Ehrentag. Oder wir alle sind gesegnet worden bei unserer Taufe, bei unserer Konfirmation, bei unserer Kirchlichen Trauung. Am Ende eines Gottesdienstes wird der Segen über uns gesprochen, und bei jeder Beerdigung gibt es eine Aussegnung. Doch was ist eigentlich der Segen Gottes? Was bedeutet er? Darum geht es im heutigen Predigttext. Er steht im 4. Mosebuch im 6. Kapitel in den Versen 22 – 27:

Und der HERR redete mit Mose und sprach:
Sage Aaron und seinen Söhnen und sprich: So sollt ihr sagen zu den Israeliten, wenn ihr sie segnet:
Der HERR segne dich und behüte dich;
Der HERR lasse sein Angesicht leuchten über dir du sei dir gnädig;
Der HERR hebe sein Angesicht über dich und gebe dir Frieden.

Diese Worte spreche ich immer bei einer Beerdigung. Dieser Segen, diese Aussegnung, hat es - so wurde mir letztens berichtet - den Angehörigen leichter gemacht, Abschied zu nehmen, die Tote loslassen zu können und sie in Gottes Hand zu legen. Diese alt bekannten Worte spreche ich auch am Ende eines jeden Gottesdienstes der ganzen Gemeinde zu. Und auch bei der Konfirmation oder bei der Kirchlichen Trauung werden sie gesprochen. Sie werden dann einem einzelnen ganz persönlich zugesagt. Es sind die Worte des sogenannten aaronitischen oder auch priesterlichen Segens, mit denen der Pastor die Gemeinde in den Alltag entlässt oder einzelne Menschen ganz in Gottes Hand gibt.

Es sind sehr alte Worte. Wir haben ja gehört: Gott hat sie wie die zehn Gebote zu Mose gesprochen, als die Israeliten nach ihrem Auszug aus der Sklaverei in Ägypten auf ihrem langen Weg durch die Wüste waren in das verheißene Land. Der Auftrag Gottes lautete: Mose sollte sie an seinen Bruder Aaron und an dessen Söhne weitergeben. Denn diese übten damals das Amt der Priester aus. Sie sollten die Gemeinde am Ende eines Opfers oder eines jeden Gottesdienstes mit diesen Worten segnen. Sie hoben dabei die Hände, als wollten sie den Segen den Menschen gleichsam auf den Kopf legen und sprachen: „Der Herr segne dich und behüte dich; der Herr lasse sein Angesicht leuchten über dir und sei dir gnädig; der Herr hebe sein Angesicht auf dich und gebe dir Frieden." So werden diese Worte seit nahezu vier Jahrtausenden bis heute immer wieder und bei verschiedenen Anlässen den Menschen in aller Welt zugesprochen, so auch uns.

Sehen wir uns diese Worte, diesen aaronitischen Segen doch einmal genauer an, zunächst die <u>äußere Form</u>. Da fällt auf: Der Segen ist als Bitte formuliert. „Der Herr <u>segne</u> dich und <u>behüte</u> dich..." heißt es und nicht: „Der Herr <u>segnet</u> und <u>behütet</u> dich." Es ist also keine Feststellung, sondern ein Wunsch. Es ist keine Zauberformel, mit der der Pastor über den Segen Gottes verfügt. Die angemessene Form, in der wir Menschen mit Gott reden können, ist die des Dankes und der Bitte. So ist auch der Segenszuspruch als Bitte formuliert. Diese Bitte steht jedoch unter der Verheißung Gottes, dass er allen, die an ihn glauben, gnädig zugewandt ist und ihnen seinen Segen schenkt. Darauf dürfen wir vertrauen. Darauf dürfen wir uns verlassen.

Zum zweiten fällt auf: Obwohl der Pastor diesen aaronitischen Segen der ganzen Gemeinde zusprechen soll, geht es doch um den einzelnen. Es heißt: „Der Herr segne <u>dich</u>." Und es heißt nicht: „Der Herr segne <u>euch</u>." oder: „Der Herr segne <u>uns</u>." So sehr jeder zur Gemeinschaft der Glaubenden gehört, so wird doch jeder ganz persönlich angesprochen. Bei der Konfirmation oder einer Trauerfeier wird das noch deutlicher dadurch, dass zuvor der Name dessen genannt wird, der nun ganz persönlich den Segen Gottes empfangen soll. So wie Gott beim Propheten Jesaja zugesagt hat: „Fürchte dich nicht; denn ich habe dich erlöst; ich habe dich bei deinem Namen gerufen; du bist mein." So ist jeder einzelne ganz persönlich angeredet, auch wenn der Segen am Ende des Gottesdienstes der ganzen Gemeinde zugesprochen wird. Und auch der segnende Pastor ist in dieses <u>Du</u>, das er spricht – der Herr segne <u>dich</u> – mit eingeschlossen.

Zum dritten fällt an der äußeren Form auf: Der aaronitische Segen besteht aus drei Teilen. Dreimal wird Gott um seine Zuwendung gebeten. Auch wenn die drei Sätze ähnlich klingen, so bringen sie doch unterschiedliche Weisen der göttlichen Zuwendung an uns zum Ausdruck. Einige Christen sehen deshalb in diesem alttestamentlichen Segen bereits einen Hinweis auf den dreieinigen Gott. Zwar ist hier noch nicht von Jesus Christus und vom Heiligen Geist die Rede. Aber der eine Gott wird auch hier beschrieben als einer, der sich uns Menschen auf dreierlei Weise zuwenden möge. Nicht zuletzt deshalb ist dieser Segen als Predigttext für das heutige Dreieinigkeits- oder Trinitatisfest bestimmt worden.

Sehen wir uns nun den Inhalt der drei Glieder des aaronitischen Segens einmal genauer an: „Der Herr segne dich und behüte dich." lautet der erste Teil. Was bedeutet eigentlich Segen? Es fällt uns schwer, dieses Wort genauer zu umschreiben. Es ist ein sehr umfassendes Wort, das die ganze Fülle der göttlichen Zuwendung meint. Bereits vor unserem Predigttext ist in der Bibel vom Segen die Rede, vor allem bei Abraham. Im 1. Mosebuch heißt es: „Der Herr hat Abraham reich gesegnet, indem ihm Sara, seine Frau, einen Sohn geboren hat und indem er ihn groß gemacht hat und ihm Schafe und Rinder, Silber und Gold, Knechte und Mägde, Kamele und Esel gegeben hat." (1.Mose 24,35f) Für Abraham besteht der Segen also einmal in seiner Nachkommenschaft, im Kindersegen, aber auch in allem, was er für das tägliche Leben braucht. Gott erweist sich als der Schöpfer, der mit seinem Segen neues Leben und auch das tägliche Brot schenkt.

In dem deutschen Wort „behüten" steckt das Wort „Hut". Der Hut hat eine wichtige Schutzfunktion. Vor allem in Israel, wo jeden Tag die Sonne vom Himmel brennt, ist eine Kopfbedeckung dringend notwendig. In der Bibel ist immer wieder von Schatten spendenden Bäumen oder anderen Gegenständen die Rede. Jeder, der schon einmal in einem Mittelmeerland war, weiß, wie gut ein Platz im Schatten tut und wie wichtig ein Sonnenschutz auf dem Kopf ist. In unseren Breitengraden dient ein Hut jedoch häufiger dem Schutz vor Kälte oder Regen.

Mit dem Wort „hüten" wird im Deutschen hauptsächlich die Aufgabe des Hirten bezeichnet. Er hat seine Schafe zu hüten. Er hat sie zusammenzuhalten, dafür zu sorgen, dass keins verloren geht, er hat sie – wie wir umgangssprachlich sagen – „unter einen Hut zu bringen." Zum Hüten gehört auch der Schutz vor Räubern oder wilden Tieren. Und es gehört dazu die Sorge für Nahrung und Wasser. Wir haben ja zu Beginn des Gottesdienstes den 23. Psalm gebetet: „Der Herr ist mein Hirte, mir wird nichts mangeln. Er weidet mich auf einer grünen Aue und führt mich zum frischen Wasser..."

Die Bitte des aaronitischen Segens „Der Herr segne dich und behüte dich." bittet Gott also darum: Schenke uns Leben und alles, was wir zum Leben brauchen. Sei unser guter Hirte, der uns schützt und alles Notwendige zum Leben gibt.

Der zweite Teil des aaronitischen Segens lautet: „Der Herr lasse sein Angesicht leuchten über dir und sei dir gnädig." Wenn wir jemandem den Rücken zukehren oder bewusst an ihm vorbeisehen, dann strafen wir ihn mit unserer Missachtung. Wenn wir ihm jedoch unser Gesicht zuwenden, ihn freundlich, mit leuchtenden Augen ansehen, dann beglücken wir ihn mit unserer Zuwendung und unserer Nähe. Darum bitten wir Gott, wenn es im Segen heißt: „Der Herr lasse sein Angesicht leuchten über dir." Gott möge sich uns freundlich zuwenden, uns seine Nähe, seine Anteilnahme, sein Interesse an uns spüren lassen. Er möge auf uns sehen und achten.

Wenn Gott sein Angesicht leuchten lässt, dann wird es hell um uns, dann strahlt sein göttliches Licht auf uns, auch und gerade wenn wir durch ein finsteres Tal des Leidens, Sterbens oder Trauerns wandern müssen. „Und ob ich schon wanderte im finsteren Tal, fürchte ich kein Unglück, denn du bist bei mir, dein Stecken und Stab trösten mich." heißt es im 23. Psalm. Jesus Christus hat sich selbst als „das Licht der Welt" bezeichnet. „Wer mir nachfolgt," so sagt er, „der wird nicht wandeln in der Finsternis, sondern wird das Licht des Lebens haben." (Johannes 8,12) Durch ihn strahlt das göttliche Licht auf uns, durch ihn erfahren wir die Gnade Gottes. Denn er hat unser Schicksal getragen, um uns nahe zu sein. Er hat unsere Schuld auf sich genommen, um uns Vergebung zu ermöglichen. Er hat den Tod besiegt, um uns ewiges Leben zu schenken. Darum bitten wir, wenn es im aaronitischen Segen heißt: „Der Herr lasse sein Angesicht leuchten über dir und sei dir gnädig."

<u>Die dritte und letzte Bitte</u> des aaronitischen Segens lautet: „Der Herr hebe sein Angesicht auf dich und gebe dir Frieden." Das hebräische Wort „Schalom" gleich „Frieden" ist auch ein sehr gefülltes Wort. Es meint sehr viel mehr als nur die Abwesenheit von Streit und Krieg. Es meint Frieden in einem umfassenden Sinne: Frieden mit Gott, Frieden mit uns selbst und Frieden mit anderen Menschen. Wer im Frieden mit Gott lebt, das heißt, wer an ihn glaubt, wer seine Vergebung und Liebe erfährt, der lebt auch mit sich selbst im Frieden, der ist mit sich selbst im Reinen. Und wer das ist, der kann auch Frieden halten mit anderen und Frieden stiften, wo Unfrieden herrscht. Der Heilige Geist Gottes schenkt uns Glaube, Vergebung, Hoffnung, Liebe, er schenkt uns diesen umfassenden Frieden, der auch durch den Tod nicht zerstört oder begrenzt wird. Am Ende des 23. Psalms heißt es: „und ich werde bleiben im Hause des Herrn immerdar." Um all das geht es, wenn die letzte Bitte im aaronitischen Segen lautet: „Der Herr hebe sein Angesicht auf dich und gebe dir Frieden."

Ich wünsche uns allen, dass wir Gottes Segen, der uns am Ende jedes Gottesdienstes und zu besonderen Gelegenheiten persönlich zugesprochen wird, in diesem tiefen, umfassenden Sinne in unserem Alltag spüren, dass er uns Kraft und Mut gibt für unser Leben, dass wir spüren: wir sind in Gottes Hand geborgen im Leben und im Tod.

Amen.

Printed by Books on Demand GmbH, Norderstedt / Germany